GANGAN GRAZ WIEN STATTEGG

30 JAHRE GANGAN

GANGAN SYDNEY CHENNAI PERTH

ICH BIN EINE REISE | AUTOBIOGRAFISCHE MONTAGE | GERALD GANGLBAUER | 30 JAHRE GANGAN VERLAG 1984–2014

Das Titelfoto entstand 1981 in einem namenlosen Dorf in Indien.
Ich musste das Stativ mit der Canon A1 mehrmals umstellen und schließlich ein
Weitwinkel-Objektiv verwenden, da immer mehr Menschen ins Bild drängten,
das ursprünglich nur ein Erinnerungsfoto von
meinem Gastgeber und mir werden sollte.

ICH BIN EINE
REISE

*Eine autobiografische Montage über
Leben, Liebe, Leidenschaft – und Parkinson*

GERALD GANGLBAUER

© Gerald Ganglbauer 2014
Alle Rechte vorbehalten.

Gangan Verlag
Jakobsweg 18
A 8046 Stattegg-Ursprung
+43 680 3136961
www.gangan.com

Gesetzt aus der *Myriad Pro* und *Georgia*
Bildredaktion und Gesamtgestaltung: Gerald Ganglbauer
Lektorat: Margit Biernat
Druck und Bindung: Joanna Juszczyk

ISBN 978-3-900530-24-2

UNTERSTÜTZT DURCH

BUNDESKANZLERAMT ▪ ÖSTERREICH

KUNST

ICH BIN EINE REISE

Eine autobiografische Montage über
Leben, Liebe, Leidenschaft – und Parkinson

"Ich sei eine Reise,
hat mir eine Freundin vom Rundfunk gesagt."

(Dabei habe ich erst ein Drittel der Welt bereist.)

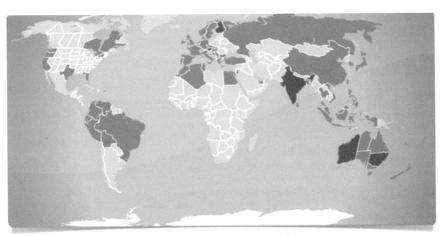

■ *dort gewesen*   ■ *dort gelebt*

"Und meine Reise ist noch lange nicht zu Ende."
– Gerald Ganglbauer

WIDMUNG

Dieses Buch ist den Frauen dieser Welt gewidmet,
im Besonderen Petra Ganglbauer und Judith Steiner,

sowie jenen,

die ich auf meiner Reise kennen lernen durfte
oder die mich ein Stück des Weges begleitet haben:

Eva Maria Grassberger, Ingrid Lackner, Marlies Robatscher, Ingrid Rackel, Kornelia Petek, Heike Mitterhammer, Eva Oberthaler, Silvia Strutz, Andrea Haas, Monika Nöst, Marianna Graf, Beate Klappa, Renate Mayerhofer, Isolde Rehb, Hermi Winkler, Ulrike Kerschbaumer, Angelika Hinterleithner, Iris Fink, Sandra Vlay, Marion Anderle, Nicole Jurosek, Sylvia Thein, Uli Sajko, Gaby Fritz, Connie Weixler, Evelyn Kohl, Karin Draxl, Lara Saveka, Jenny Chua, Monika Naef, Michaela Gabriel, Rosi Hickel, Susanne Putz, Irmgard Krasser, Beate Hechtl, Astrid Schnur, Marie Bayer, Margit Biernat, Dagmar Fötsch, Zalina Mardanova, Monika Mokre, Sandra Zettinig, Heather Noakes, Maria Lourdes Mousinho Lopes, Bettina Wild-fellner, Bibiana Baños, Lisa Fischnaller, Jutta Heßdörfer, Gerhild Illmaier, Marta Madison, Angélique Boudet, Vivien Eime, Kirsten Huter, Emilie Kolb, Mireille Schmitt, Claudia Bahls, Gina Fenton, Meredith McCluskey, Marina Pilleris, Nathalie Szekely, Helen Black, Angela Bollmann, Brigitte Promberger, Susanne Mitten-dorfer, Andrea Sproll, Dagmar Haier, Simone Nederend, Wendy Zedo, Nicole Jeker, Katharina Karmel, Verena Luder, Regina Schmid, Carina Bell Bastlund, Irene Eder, Erika Weber, Claudia Zinnagl, Pulcheria Eder, Eilish Moore, Bettina Reinisch, Ricky Werner, Sabine Bigler, Gillean Dodge, Milena Findeis, Cynthia Mack, Janet Wells, Doris Glaser, Andrea Hurton, Karin Reichlmayer, Karin Schulz-Schneider, Christine Weyhrater, Heike Reich, Karin Kinast, Eva Molcar, Ingrid Müller, Johanna Rachinger, Birgit Schwaner, Sabine Jerusalem, Lisa Wiesmüller, Irmtraud Zöch-bauer, Angela Gerlach, Clarissa Mikula, Maria-Luise Aigner, Elisabeth Felsberger, Carmen Hoffmann, Angelika Jaritz, Renate Kehldorfer, Andrea Konrad, Gudrun Maria Leb, Gina Novak, Monica Sander, Renate Schuberth, Christa Strauss, Christiane und Pia Abendroth, Ina Meke, Berty Stickler, Burgi Brosch, Rosi Rutrecht, Edith Thuswaldner, Beate Gritsch, Evelyn und, Caro Wurz, Hannah Schilke, Doris Schuster, Gertraud Jeitler, Margit Roth, Hildegard Payer, Edith Kern, Christine Resch, Waltraud Lösch, Monika Fejer, Barbara Kreiner, Angela Mohr, Gabi Zöhrer, Helga Ranner, Waldi Kuchling, Christina Haas, Andrea Melanschek, Eva Flock, Elke Gstaltner, Astrid Lautner, Gudrun Kolland und Dagmar Tezak.

INHALT

1. Kapitel

ICH BIN EIN GRAZER

Mein Freund Peter Glaser sagt von sich, er sei "geboren [worden] als Bleistift in Graz (Österreich), wo die hochwertigen Schriftsteller für den Export hergestellt werden" – und lebe "als Schreibmaschine" in Berlin. Bezeichnend. Andere Grazer (Steirer) leben auch in Deutschland oder sonst wo in der Welt, oder am Land, oder zumindest in Graz und Wien.

Und wer einmal ganz in der Bundeshauptstadt lebt, will von Graz oft gar nichts mehr wissen.

Graz ist eine kleine Stadt in Europa. Das muss man vorweg sagen, denn das weiß fast niemand. Graz liegt nämlich nicht am Weg von Strauß zu Mozart. Aber Graz hat sich schon immer bemüht, das zu ändern. Graz ist auch die Landeshauptstadt der Steiermark. *Styria* heißt das auf Englisch, das ist ein Bundesland im Südosten, aber nicht das, wo sie *The Sound of Music* gefilmt haben. Ah ... kommt nicht der Arnold Schwarzenegger von dort?

Ich bin ein gebürtiger Grazer, dennoch antworte ich normalerweise jedem, der mich nach der Herkunft fragt, dass ich vor meinem Aufbruch aus Europa (einige Jahre lang) in Wien gelebt habe, was sehr viel leichter zu erklären ist als "ich bin ein Grazer". Jeder weiß dann sofort, dass ich aus Österreich komme – sofern man Wien = *Vienna* nicht gerade mit Venedig = *Venice* verwechselt, oder gar unser *Austria* mit *Australia*, im weiten Amerika.

Na ja, jeder hat andere Gründe, Graz zu verlassen. Auch wenn einer meiner Verlagssitze virtuell immer noch in Graz ist, bin ich in den letzten fünfzehn, fast schon zwanzig Jahren nicht gerade oft nach Hause zurückgekommen, außer um meine Mutter zu besuchen und eine Handvoll Freunde zu sehen. Vielleicht werde ich, wenn ich alt bin, wieder in Graz leben. Graz eignet sich ja gut als Lebensort für Pensionisten, heißt es, obwohl ich mir eigentlich eine kleine Insel vorgestellt hätte. Aber das ist eine andere Geschichte.

Dabei war ich in dieser Stadt einmal recht präsent, habe 1982 bis 1986 die *Grazer Straßenliteraturtage* (ein Festival junger Literatur) initiiert und organisiert, zahlreiche Lesungen im *Kulturhauskeller* und in der *Thalia* veranstaltet, ein Buchdenkmal am Hauptplatz errichtet und in riesengroßen Lettern darin Gedichte in den öffentlichen Raum gestellt, und ich war damals auch mit der jungen Autorin Petra Ganglbauer verheiratet.

Warum flohen KünstlerInnen aber immer wieder diese Stadt, die 2003 erst ihr eigenes Literaturhaus eröffnet hat? Gerhard Melzer sagt über sein **literatur h aus graz**: "Ein neuer Ort für die Literatur – in einer Stadt, wo sie ohnehin ihren Platz hat (auch wenn sie ihn immer wieder neu erkämpfen muss)."

Aber Helmut Schranz (mein Nachfolger in der *perspektive*-Redaktion und ein Autor, den ich schätze) kommt zur Ansicht, "graz hat alte leute, die alte texte schreiben, und graz hat junge leute, die auch – alte texte schreiben", und ärgert sich über Reinhard P. Gruber.

Graz hat eine hübsche Altstadt. Aufzuwachsen und zu studieren hat in dieser kleinen Stadt auch großen Spaß gemacht. Mit dem Moped an die Murauen fahren, *Kukuruz* (Mais) stehlen und am Lagerfeuer braten. Oder an den damals noch kaum bekannten *Schwarzl* (Schotterteich) zum Nacktbaden fahren. In den Kaffeehäusern nach den Vorlesungen an der TU oder Uni stundenlang abhängen. Nachts bis zum Morgengrauen auf die *Platte* (einen der Hausberge) spazieren und über "Atomkraft, nein danke!" und das AKW Zwentendorf diskutieren.

Und immer guten Sex haben.

Daran erinnere ich mich gerne (und damit meine ich selbstverständlich nicht nur die erotischen Abenteuer) – dennoch sind die Herausforderungen einer Kleinstadt, wenn auch mit *steirischem herbst* und *Forum Stadtpark* oder Zeitschriften wie *manuskripte, LICHTUNGEN, perspektive* und *Sterz* um Kultur bemüht, naturgemäß begrenzt und naturgemäß spießig – und man verlässt die Stadt. Nicht einmal die *Grazer Autorinnen Autoren Versammlung (GAV)*, 1973 als Gegenpol zum österreichischen P.E.N.-Club gegründet, hat ihren Sitz noch in Graz.

Erinnern wir uns an den Namen des Projektes – *gangan* [althochdeutsch]: bewegen, entwickeln, verändern. *Moving on.*

Die Grazer Literatur war völlig aus meinem Sinn – denn dass die Stadt Kulturhauptstadt Europas 2003 ist, interessiert eigentlich nur die Fremden-verkehrsbüros, und aus Graz kamen in den letzten Jahren kaum nennenswerte unverlangte Beiträge an unsere Zeitschrift – plötzlich flattert im März dieses Jahres ein erfreulicher Text vom Helmut Schranz herein. Graz-Tagebuch: *tempi passati, nebel aktuell.* Aufmüpfig. Frisch. Da identifiziert man sich damit, so denkt man auch. Und ich sage einer Veröffentlichung zu, woraus gar eine Sondernummer wächst. Ich fliege sowieso im Juni zum 93. Geburtstag meiner Mutter nach Graz.

Also mache ich mich auf die Suche nach Grazer Autorinnen und Autoren, sende allen per E-Mail Einladungen Beiträge betreffend, unterhalte mich mit SpezialistInnen – also guten BuchhändlerInnen, SprachwissenschafterInnen (ich bemerke gerade, wie nervig diese neue *politisch korrekte* Verwendung des Binnen-I in der deutschen Sprache ist, ganz im Gegensatz zu hier, wo alle weiblichen Endungen verschwinden, die Begriffe selbst geschlechtsneutral werden) – und finde nicht viel. Österreichische AutorInnen in Übersetzung kenne man zwar schon einige, aber aus Graz? *Sorry.*

Soviel zur Relativierung des in meiner Jugend noch für die große weite Welt gehaltenen Grazer Literaturbetriebes. Aber wie auch immer, hier ist nun nachzulesen, was in kurzer Zeit an Literatur um, aus und über diese kleine Stadt namens Graz zu sammeln war, in ihrem "Kulturjahr". Es wird noch viel Wasser unter der Murbrücke (und um die neue Murinsel) fließen, bis sich so eine Gelegenheit der internationalen Vernetzung mit der Neuen Welt für die wohl heimlichste aller Literaturhauptstädte wieder ergibt. Dass ich diese Sondernummer trotz des entgegengebrachten Widerstandes mancher Kreise durchgezogen habe, beweist jedenfalls eines:

Ich bin doch ein Grazer.

Sydney, 1. Juni 2003

Zu Gast bei Sisa und Peter Glaser in Berlin

Dieser Text ist seinerzeit als Einleitung zu *Gangway #28*, der Sondernummer über *Graz 2003*, erschienen. Er scheint mir aber zehn Jahre später auch noch relevant zu sein – und beinahe prophetisch – insofern, als ich meine Rückkehr im Jahr 2013 nach Graz (nun ja, fast, denn Stattegg-Ursprung liegt nur ein kleines Stück nördlich) wohl irgendwie vorausgeahnt hatte, ohne von jener sich bereits anschleichenden Krankheit zu wissen.

Die ersten 10.000 Kilometer im neuen R4 "Safari"

2. Kapitel

JUGEND|1

Ich denke. Aber es sind keine konkreten Gedanken, die mir durch den Kopf gehen. Ich bin auch kein Philosoph, der seine Ideen in von Weisheit triefenden Zeilen niederschreiben kann. Ich bin einfach ich – nicht unbedingt der Durchschnitt, aber auch kein genialer Schriftsteller, der das, was zählt, auch so auszusagen vermag, dass es zählt. Ich weiß auch nicht, warum ich diese Gedanken zum ersten Mal aufschreibe. Vielleicht ist es die Musik, die traurig und leise aus den Boxen fließt, vielleicht ist es auch schon ein bisschen

Sentimentalität, die mich in diesem Moment motiviert, oder es ist nur der schwache Versuch eines jungen Menschen, seine Gedanken zu speichern, was aber wohl nur in sehr unausgereifter Form geschehen kann.

Was ist eigentlich wirklich los mit mir?

Der graublaue Hauch meiner Zigarette lässt mich meinen Blick zur Decke richten. Ich bin ruhig, etwas müde, doch nur physisch. Ich überlege, was einen Menschen reif werden lässt. Doch wohl kaum nur das Alter. Das Wissen? Die Erfahrung? Das ist Leben mit seinen Tiefen und Höhen. Ist das Schöne stärker als das Hässliche oder ist es nur die Liebe, die uns reifen lässt? Wie schön und edel sie doch sein kann, doch wie oft wird sie vernachlässigt. Man darf sie nicht unterschätzen – die wichtigste aller Beziehungen im Leben eines Menschen, die ihm erst den Sinn gibt – die Liebe. Lieben und geliebt werden wollen. Ach, es ist wunderschön zu lieben.

Dies fühlte Frei, seit er das Mädchen seiner Träume gefunden hatte, ein Mädchen, das ihm so viel Wundervolles eröffnete, das sein Leben so sehr bereicherte, wie er es nie zuvor erlebt und gespürt hatte. Es war für ihn etwas Hohes, überaus Edles, erstmals Gefühltes, das er für sie empfand. Es war Liebe, die erwidert und von beiden jungen Leuten intensiv gelebt wurde. Es gab für ihn nichts Schöneres, als für sie da zu sein, mit ihr zu träumen, mit ihr zu sein.

Stopover mit Reiseschreibmaschine (bzw. Laptop) im Gepäck

3. Kapitel

MITTE 30|1

Die alte *Remington* ist ihrer Bestimmung, Reiseschreibmaschine zu sein, wahrlich nachgekommen. Ursprünglich hatte ich sie mir nur wegen der in Australien auf den Typenrädern fehlenden Umlaute und scharfen "ß" (der ſs-Ligatur) von einem Freund geliehen, mit dem ich die Wohnung in Wien teile. Nun hat sie aber doch in über zwei Jahren die Welt bereist und klappert zum zweiten Mal auf einer kleinen Insel im Golf von Siam. Richtig eingesetzt habe ich sie eigentlich gar nicht, denn der Komfort einer elektronischen *brother* hat

Ideale Voraussetzungen für einen werdenden Schriftsteller

die Umstellung auf "ae, oe, ue" und "ss" leicht gemacht. Selbst, dass das "Z" mit dem "Y" vertauscht auf der englischen Tastatur liegt, erforderte nur kurze Eingewöhnung. Man stellt sein Gehirn von QWERTZ auf QWERTY um.

Wie man sich ebenso schnell von Rechts- auf Linksverkehr umstellt.

Sydney liegt neun Flugstunden hinter mir. Der Jetlag ist erträglich und wenn ich schon diese Extra-Kilos mitschleppe, sollen sie nun zu etwas gut sein – wenn auch nur, um diese 100 Tage Einsamkeit auf einem 14-tägigen Stopover zu überwinden und meine Leidenschaft nicht kalt werden zu lassen: das Schreiben.

Die leider früh verstorbene Monika aus Graz-Lend

4. Kapitel

JUGEND|2

Frei war kein Nur-Träumer. Er war auch Realist genug, um an eine gemeinsame Zukunft zu denken. Der Abschluss der Studien, die ihnen als nächstes Ziel der Ist-Welt vorrangig waren, kam näher. Unter den beiden Liebenden war es selbstverständlich, auch zu arbeiten und zu lernen, sich die Zeit vernünftig einzuteilen. Doch der Vater von Freis Freundin, der ihr auch ein Lebenslehrer gewesen war, sprach den beiden die geistige Reife noch ab, die sie benötigten, um in ihrer persönlichen Freiheit, die auch nur den

Anschein der Zwanglosigkeit hatte, Liebe und Lernen durch Ratio zu verbinden. Er ließ es Frei in langen Monologen wissen, was er sich vorstellte. Er hatte eine Menge zu sprechen, nichts Neues zu sagen. Die Meinungen des Alten und des Jungen hatten die gleiche Basis, doch während die des Alten in einer Soll-Welt existierten, so dachte der Junge doch wesentlich mehr in den klaren Formen der ihn umgebenden Ist-Welt.

Er wollte dem sorgenden Vater nicht widersprechen, doch hätte er ihm gerne vieles gesagt, es aber nicht getan, da seine Worte von ihm vielleicht falsch interpretiert worden wären.

Es tat Frei leid, dass er in solchen Situationen nicht die passenden Worte zu erwidern wusste, doch brächte es der Beziehung zu seinem Mädchen keine Wendung, da sie so gut war, dass es scheinbar keine von außen wirksamen Einflüsse gab. Die Differenz zwischen den beiden Generationsstufen war fast zu groß, um eine Brücke zu schlagen. Es wollte nicht in das Bewusstsein des Vaters, dass ein junger Mensch um die Zwanzig Verantwortung tragen kann, reif durch und für die neue Zeit sein kann, ein Mädchen – seine Tochter – so stark lieben kann und von ihr geliebt wird. Es wollte nicht in Freis Kopf, dass ein Vater mit so hohen Idealen überhaupt so lange sein Leben lebt und liebt, drei Kinder in die Welt setzt und sie dann mit solcher Weltfremdheit zu erziehen versucht. Doch ist der Mann in seinem Beruf, den er sich zur Berufung erkoren hat, als gebildeter Mensch durchaus zu schätzen, aber als Vater wäre Frei anders.

Doch soll an dieser Stelle nicht nur die Rede vom Vater von Freis Freundin sein, es sollte ein Stück des Lebens der beiden Liebenden erzählt werden. Jedoch spielten diese Einflüsse später eine ungeahnte Rolle.

Der "Steuermann" ist auch ein Fisch in jedem Wasser (1990)

(2013)

(2008)

5. Kapitel

MITTE 30|2

Nicht, dass ich mit diesem Text die Absicht verbinden würde, Literatur zu produzieren. Nein. Das Schreiben ist für mich vielmehr eine, nein, die allerbeste Kommunikationsform. Wenngleich sich diese schriftliche Verständigung mit Menschen im normalen Leben auch nur auf eine tägliche Anzahl von Briefen erstreckt, die via *Air Mail from Down Under* (siehe auch Titel von Band 1 meiner australischen Reihe) in die Welt gehen, so ist sie mir doch unverzichtbar – wichtiger als Gespräche, Telefonate oder irgendwelche

Rucksacktouristen kommen und gehen

elektronischen Medien. Worte in Zeilen, Absätzen, Abschnitten aneinanderzufügen, aufzuschreiben, festzuhalten, zu überdenken, zu korrigieren und wieder zu lesen kann für mich einfach durch nichts ersetzt werden.

Genauigkeit im Schreiben, mit der Sprache (mit den Sprachen) erfordert aber ebensolche Aufmerksamkeit des Lesenden (wer auch immer das gerade sein mag). Und da fangen die Probleme auch an. Viele haben schon das Zuhören verlernt, das genaue Lesen ist offenbar noch seltener geworden. Ich weiß, damit stelle ich meinen Job in Frage: das Büchermachen. Aber diese Frage stelle ich mir ohnedies immer wieder, in nahezu existentialistischer Manier: Wozu Bücher machen? Wozu diese undankbare selbstauferlegte Aufgabe? Leben könnte man einfacher.

Life was never meant to be a struggle.

Aber wäre es das auch wirklich? Einen Text der Grazer Band VIECH im Kopf:

Steuermann / Wir fahren gegen Gestern / Ja und dann /
Dann und wann / Verhaun wir die Gespenster.

6. Kapitel

JUGEND|3

Die übrige Familie stand der Beziehung von Anfang an unkomplizierter gegenüber. Die Mutter des Mädchens, eine gute, überaus gerechte und liebe Frau, mochte Frei recht gern. Er schloss sie und die beiden Geschwister seines Mädchens bald in den Kreis seiner Lieben ein.

Im ersten gemeinsamen Sommer verbrachte Freis Freundin zwei Wochen mit ihrer Mutter auf einer Insel vor Split. Während dieser Zeit und länger arbeitete er bei einem Bauunternehmer als Praktikant oft bis spät in den

Abend und trotzdem ging sie ihm so sehr ab. Er wartete jeden Tag auf Post von ihr und freute sich wie ein kleiner Junge über Süßigkeiten auf ihre Karten. Der Sonntag ihrer Rückkehr war kaum noch zu erwarten. In diesen Tagen der Einsamkeit wusste er solche Liebe richtig zu schätzen, die seinen Gefühlen Ruhe und Aufgewühltheit, Sicherheit und Sorge, Rückhalt und Losgelöstheit in einem bot.

Aber alles war gut. Er konnte sich besser verstehen und begreifen als vorher. Und es gab eine Zukunft, einen wahren Sinn seiner Existenz.

Dann war sie wieder da und die Welt war in Ordnung. Als ihr Bruder Gerhard Frei zu seiner Hochzeit einlud, war die ganze Familie natürlich mit dabei. Die Stimmung war vertraut und gut. Man lernte einander das erste Mal anders kennen, kam sich menschlich näher und wurde per du. Frei und sein geliebtes Mädchen waren die ganze Zeit zusammen und zeigten allen, dass sie zusammengehörten. Er wurde akzeptiert und fühlte sich wohl. Bei einem Glas Wein an der Hochzeitstafel zeigte sich sogar der Vater von seiner freundlichsten Seite, indem auch er dem überraschten Frei das Du-Wort anbot, dem sich auch die Mutter gerne anschloss.

Der Gangan Verlag auf der Frankfurter Buchmesse

7. Kapitel

MITTE 30|3

Heute bin ich das fünfte oder sechste Mal in Thailand einem Jet entstiegen, auf eine Insel hinausgefahren. Doch kaum habe ich mich in einer kleinen Hütte unter Palmen eingerichtet, weiß ich auch schon, dass es mich wieder nach Sydney, Wien oder in eine andere Großstadt zieht, an den Macintosh (an dem ich diesen Text jetzt, drei Monate später, gerade erfasse), an die Produktion (die jetzt zum Teil schon wieder hinter mir liegt), an die Arbeit im Verlag.

Frühstück mit dem Autor Reinhold Aumaier (und Doris Glaser) in Griechenland

Kann man Arbeit denn noch Arbeit nennen, wenn sie so großen Spaß macht? Wenn sie trotz aller Widrigkeiten zwar Lust bereitet, aber nie Geld einbringt? Vielleicht ist das auch nicht ganz richtig. Vielleicht ist es nur egoistische Selbstverwirklichung, deren Preis mein Lebensstandard ist. Damit bin ich 'gestraft', weil mir diese Arbeit nicht das Brot verdient. Meriten, ja. Aber Brot? Ich rede nicht einmal von der Butter.

Einen kleinen Verlag im Ein-Mann-Betrieb über zwei, drei Kontinente hinweg zu führen, ist unmöglich. Entweder der Verlag wächst – oder ich muss mein Bein (meine Wurzel) in Europa aufgeben, obwohl ich gestehe, dass mir gerade diese Art des Lebens über große Entfernungen hinweg sehr entgegenkommt, ja entspricht.

Ich sei eine Reise, hat mir eine Freundin beim Rundfunk (Doris Glaser) gesagt: "Du bist eine Reise."

Noch keine 16 und schon allein mit "Interrail" von England bis Marokko unterwegs

8. Kapitel

JUGEND|4

Er fand es herrlich, diesen Mann duzen zu dürfen, dem er schon früher so gern vieles durch ein intimes Du gesagt hätte. Er war auch stolz ob der Ehre, dass er, der Schüler, zu ihm, dem Lehrer, du sagen durfte. Nun wollte niemand mehr gegen die Liebe sein. Man konnte über alle Probleme wie unter Freunden sprechen. Oh, war das endlich gut. Dass nicht nur die Verliebten, sondern auch die Familien einander verstehen, war mehr, als man sich wünschen konnte.

Auch mit der Schwester von Frei und deren Freund wurde sein Mädchen am selben Abend per du, worüber sie sich so freute wie er vorhin. Soweit war nun alles in Ordnung, jetzt hatte sie nur noch ihre Schulverpflichtungen zu erfüllen. Zwei wichtige Prüfungen, für deren Vorbereitung ihr völlige Ruhe gegönnt werden müsse. Deswegen reiste Frei für die zwei Wochen vor dem Prüfungstermin nach Italien, um sich allein am Meer von seiner Arbeit zu erholen. Er hoffte, dass, wenn er nach Hause zurückkehrte, schon alles überstanden war und ein ruhiges, mit Liebe, Zeit und gerade der notwendigen Arbeit ausgefülltes Jahr beginnen konnte.

Allein ging es nun also nach Italien. Unterwegs besuchte er seinen Neffen in Kärnten. Das waren drei Tage, in denen er nicht alleine war, doch war er auf der Suche nach Ruhe und Besinnung und so verließ er am vierten Tag seinen gastfreundlichen Neffen, der ihn sogar noch ein Stück weiter an die Straße in den Süden brachte, hinaus über sein Österreich der Sonne und dem Meer entgegen. Da stand er nun und wartete in einem letzten Aufglühen der mitteleuropäischen Sonne auf Autos, die ihn mitnehmen konnten. Das genaue Ziel spielte gar keine große Rolle und so landete er abends verschwitzt, zum Umfallen müde, doch mit einem eigenartigen Lächeln nahe Lignano am Strand der Mündung des Tagliamento.

Wieder ein Stopover in Thailand

9. Kapitel

MITTE 30|4

Ich halte inne, blicke hinaus aufs Meer. Nur nicht romantisch werden, sage ich mir schnell. Das interessiert heute keinen mehr. Dabei weiß ich noch gar nicht, ob ich diese Zeilen überhaupt für einen Lesenden denke und aufs Papier hämmere, wovon ich vorsichtshalber auch noch ausreichend viele Blätter eingepackt habe. Kann ich aber die Romantik abstreifen, auf der Veranda einer Bambushütte und mit dem Ozean in den Ohren und den exotischen Düften in der Nase und all der Sinnlichkeit? Kann diese Einsamkeit, die ich

immer wieder nach hektischen Monaten in Metropolen auf mich wirken lasse, überhaupt coole Bilder in mir evozieren? Ich bin mir gar nicht sicher und halte wieder inne.

Danach habe ich nichts mehr aufgeschrieben. Ich bin an den Strand gegangen, im Sand gesessen und habe aufs Meer hinausgestarrt und über den Horizont hinausgedacht, immer wieder: Ich bin eine Reise. Und vielleicht gäbe das Stoff her für das erste Buch, das ich selbst schreibe. Aber dafür habe ich diesen Text schon falsch begonnen. Wozu auch? Es gibt zu viele Bücher. Gedanken eines anderen Menschen interessieren den Leser nur, wenn der Autor bereits tot oder zumindest zu Lebzeiten schon berühmt ist. Ich hingegen bin sehr lebendig. Und berühmt? Nein. Aber ich bin eine Reise, und das schon seit zwei Jahrzehnten. Mit dreizehn war's nur Paris, dafür mit dreiunddreißig längst die Welt. Meine Welt.

Der junge Autor ist zugleich "Frei", der Held dieses Textes

10. Kapitel

JUGEND|5

Nun war er inmitten dessen, was er wollte und brauchte – Sand, Meer, rauschende Wogen, untergehende rote Sonne und was an diesem Abend vor allem wichtig war: gemütliche Dünen, die ihm ein von der Natur gemachtes Bett boten. Neben einem Brombeerstrauch ließ er sich in den Sand fallen, fand nicht einmal mehr Zeit, den Schlafsack zu schließen, sondern schlief sofort und ohne Gedanken vor Müdigkeit ein.

Zu denken begann erst wieder der erwachende Frei, als ihn die morgendlichen Sonnenstrahlen über dem Wasser weckten. Er sandte wie noch so oft einen innigen Gedanken an seine geliebte Freundin zuhause, die arbeiten würde, während er sich sein Fell bräunen ließ. Doch gerade diese Zeit in den adriatischen Dünen war für Frei eine wichtige in vielerlei Hinsicht und eine produktive. Er führte zwar ein ganz einfaches Leben ohne den üblichen Luxus, doch brachte vielleicht gerade dieses Leben genug Zeit, um zu ruhen, zu schwimmen, zu lesen, Spaziergänge zu unternehmen, zu denken und zu schreiben.

In jener Zeit entstanden seine ersten zaghaften lyrischen Wortspiele über Einsamkeit, Liebe und das Leben. Fast jeder Gedanke brachte ihn zu seiner Freundin, der er in der Zeit der Trennung geistig sehr nahe kam. Er wünschte sich mehr als einmal, sie mögen doch nur füreinander da sein, ohne Ablenkungen, Belastungen und Gesellschaftszwänge. In einer reinen und schönen ideellen Beziehung zu leben war sein Traum.

11. Kapitel

MITTE 30|5

Also doch ein Buch, ein Buch in vierzehn Tagen, ein Stopover? So tun, als ob ich danach tot umfallen könnte und alles da wäre: ein Leben, eine Reise. Hab ich was ausgelassen, alles ausprobiert? (Bis aufs Reichsein sicherlich.) Hab ich alle Affären gehabt, auf allen Kontinenten geliebt, alle Farben dieser Erde gespürt, alle Bücher gelesen, alle Filme gesehen, auch ein bisschen Wirklichkeit? Aber ich falle ja nicht tot um, doch nicht mit dreiunddreißig Jahren.

Nicht mit meiner Bärengesundheit, auch wenn ich mein Kreuz ab und zu spüre. Im Moment jedoch nicht, hier auf der Insel. Und Malaria? Ach was.

Wenn es also ein Buch werden soll, wo beginnen, was erzählen? Was habe ich schon, was den Lesenden interessiert? Einen Sommer oben in Queensland, Wintertage in Moskau? Was zeichnet meinen Sommer, meinen Winter aus, dass er für den Lesenden, für Sie also, zum Erlebnis wird? Nichts. Nichts, aber auch schon gar nichts, weil es eben nur mein Sommer in Queensland, mein Winter in Moskau war. War es heiß? Hat es geschneit? *Mon dieu*, geschneit hat es in Kanada, letzten Winter (und ich hatte keine Winterbekleidung mit, aber das ist Ihnen sicherlich egal). Auch ein Stopover. Mein Leben ist eine Kette aus Zwischenstationen. Destination: der Tod. Wie pathetisch! So ein Blödsinn. Das wird in zwei Wochen kein Buch und auch nicht in zwei Jahren.

Was für ein Buch hätte es werden können? Eine Erzählung? Ich habe keinen Erzählrahmen, ja nicht einmal einen fiktiven Erzähler. Ich schreibe nur: "Ich". Also bin ich kein Schriftsteller (mein Gott, wie viele Menschen verdienen sich aber ihr Geld mit dem Schreiben von Büchern, ohne Schriftsteller zu sein?). Eine Autobiographie? Ein Tagebuch? Nein. Ich habe zwar Reisetagebücher geführt, doch die sind viel zu privat und für Nicht-Reisende sicher langweilig. Oder will ich gar langweilen? Langweilen Sie sich bisher? Ich nehme eher an, Sie haben bis zu diesen Zeilen noch gar keine Ahnung, was das eigentlich soll. Trösten Sie sich, ich auch nicht. Mit dem Kauf dieses Magazins/ Buches etc. haben Sie zumindest die Druck- und Papierindustrie gefördert. Mein Verleger (wenn ich einen finden werde) und ich haben da nur Arbeit und Geld reingesteckt. Das zumindest können Sie mir glauben, das mache ich selbst schon seit (nunmehr 30) Jahren.

Im antiken Griechenland

12. Kapitel

JUGEND|6

Nachts – die Nächte im Süden waren wundervoll – erwachte er des Öfteren und ließ dann einfach die Sterne oder später den Mond auf seine Seele wirken. In diesen Momenten war er nicht mehr der Österreicher Frei, dann war er ein Stern unter Sternen und strahlte selbst irgendwo als Sonne auf einen fremden Planeten.

Die absurdesten Ideen umkreisten dabei sein Gehirn wie die Mücken, die er dabei kaum spürte.

Es war für ihn keine Plage, kaum fühlte er die Stiche der Schmarotzer. Er trank an der Essenz des Universums und hielt seine Gedanken fest und baute sie aus.

Frei ahnte die Myriaden von Sonnen, dachte an ihre Welten und deren mögliche Bewohner. Er dachte an den christlichen Gott, an Abraxas, an Allah, an Krishna und seine Vorstellung von dem, was die Allgemeinheit als Gott bezeichnet, an das Schicksal, an Fügung oder Zufall oder wie immer man seinen Gott nennen möchte. Und dabei erinnerte er sich, dass es einer jener glücklichen Zufälle war, der ihm seine geliebte Freundin näher gebracht hatte. Sie kannten sich nur flüchtig bis zu dem Tag, an dem sie zu Mittag beide auf eine Straßenbahn warteten und er versprach, sie anzurufen. An diesem Tag verliebte er sich über alles in sie und liebte, wie er noch nie geliebt hatte.

13. Kapitel

MITTE 30|6

Wollen Sie etwas über die Buchindustrie erfahren? Nein, ich weiß schon. Sie müssen ja auch nichts von Mikroprozessoren verstehen, wenn Sie Ihren Computer bedienen. Sie haben doch sicher einen? Sehen Sie, jetzt beginne ich bereits, mit Ihnen zu plaudern. Dabei kenne ich Sie doch gar nicht.

Zurück zur Romantik, zum Kitsch, zum Meer. Schwimmen ist herrlich. Das Meer ist eigentlich daran schuld, dass ich reise. Wenn ich am Meer geboren wäre, würde ich wahrscheinlich immer noch am Strand sitzen und auf den

Horizont hinausstarren, wie er sich krümmt und die Blautöne ineinander-
fließen. Reisen war also am Anfang nur die Suche nach dem Meer (endlich
eine einfache Formel). Manche machen das im Urlaub, andere machen es sich
zum Beruf (Meersucher, so wie Uhrmacher?), bei mir hat sich's zur Sucht
entwickelt, aus Ruhelosigkeit: in Orten, aber auch in Menschen. *Liebhaber
ohne festen Wohnsitz* (nach dem genialen Roman von Fruttero & Lucentini).
Bin ich deshalb zeit meines Lebens nie in einer wirklich langen Beziehung vor
Anker gegangen? Was geht mich seine Beziehungskiste an?, werden Sie jetzt
aufschreien (oder auch nur leise seufzen), aber halt! Das wäre ein Buch. Allerdings auch nur eines mehr unter Millionen von Büchern über Beziehungen.
Sex and Crime, das verkauft sich. Zweiteres habe ich nicht im eigenen
Repertoire, da müsste ich erfinden. Und darin bin ich nicht gut, glauben Sie
mir das.

Und Sex? Mein Liebesleben war nie langweilig, aber das behalte ich lieber
für mich, für meine erotischen Träume, meine Phantasien. Bestenfalls füge ich
da oder dort ein Anekdötchen ein. Punkt. Kein Liebesroman. Schon gar kein
Porno. Bleibt wirklich nur die Reise: als Bewegung in unserem globalen Dorf,
in der Topographie, aber auch als Flüchten und Verstecken, Ankommen und
kurzes Verweilen, Suchen und wieder Verlieren – als rastloses Durchkreuzen
der Atlanten. Was übrig bleibt, sind bunte Stecknadeln auf einer großen
Weltkarte an der Wand.

Freudensprünge in Wien

14. Kapitel

JUGEND|7

Und bald wurden die Tage fern von ihr zu lang. Er konnte es nimmer erwarten, sie in seine Arme zu schließen und lang und innig zu liebkosen. Es zog und zerrte ihn nach Hause zu ihr. Sie hatte inzwischen ihre Aufgabe erfüllt und die drohende Wiederholung des Schuljahres abgewendet. Ein großer Seufzer und eine Zeit der Erleichterung waren die Folge.

Das Leben nahm bald wieder seinen gewohnten Verlauf. Der Herbst war da, Weihnachten und der Winter kamen. Frei und sein Mädchen fuhren in die

Alpen, um Schi zu fahren. In einer Gruppe netter junger Leute in ihrer Schihütte lernten sie neue Freunde kennen. Sie verbrachten über eine Woche in dieser Wunderwelt aus Schnee und Eis. Tagsüber ging's die Berge ringsum hinauf und mit den Bretteln wieder hinab. Ab und zu machten sie einen Einkehrschwung in eine warme Stube und erst in der Abenddämmerung gab's die letzte Abfahrt nach Hause, wo dann noch gespaßt, gesungen und gefeiert wurde. Nachts rückte man eng zusammen, um sich zu wärmen und zu lieben. Es war eine glückliche Zeit da oben in den Salzburger Bergen.

Zuhause wurde von ihrem Vater auf seine ihm so eigene Art der Dämon Schule wieder zu unseligem Leben erweckt, indem er seine Erwartungen und Befürchtungen mit wichtiger Miene darbot. Er konnte einfach nicht aus seiner Haut heraus! Dadurch machte er das Lernen zur lästigen Pflicht und nahm ihr die Freude daran, obwohl doch viel Interessantes daraus zu erfahren wäre. Er ließ auch wieder langsam durchblicken, dass ihm Frei zu locker war und dass dieser seine Tochter vielleicht doch vom Lernen abhielte. Es war auch jetzt noch nicht so einfach, mit ihrem Vater zu sprechen. Entweder war er belehrend und verbreitete sich über absolute Wahrheiten oder er versuchte, durch eigenartige Fragestellungen ein synthetisches Gespräch mit ihnen zu erzeugen. Ein Streitgespräch akzeptierte er nicht, da nach seinen Worten Frei viel zu jung wäre, um mit ihm, dem alten erfahrenen und wissenden Lehrer, zu streiten.

An diesem Punkt scheiterte dann auch jedes weitere tiefe Verständnis zwischen den Generationen und eine Art des faulen Friedens entstand. Leider.

Was mache ich hier? Wohin führt mich die Reise? Ist der Weg immer noch das Ziel?

15. Kapitel

MITTE 30|7

Eine Reise ist keine Geschichte. Geschichtenerzählen ist etwas für Nächte am Lagerfeuer. Jede Geschichte hat einen Anfang, erzählt sich in sich schlüssig durch ihren Ablauf und findet irgendwann auch ihr Ende. Aber ein Leben als Reise? Wo anfangen? Wo aufhören? Hier auf dieser Insel? Das ist nicht das Ende. Ich falle nicht tot um, hab gar keine Lust dazu, nicht hier, wo ich mich im Wasser so wohl fühle, wenn ich darin gleite wie ein Fisch, mein Sternzeichen übrigens. Jetzt habe ich doch etwas erzählt. Dass meine Geburtssonne in den Fischen steht, da ich Ende Februar geboren bin. Mein Aszendent ist der Skorpion, was meine astrologisch interessierten Freunde stets in Entzücken versetzt, weil es (fast) alles erklärt. Ich weiß bis heute nichts damit anzufangen.

Ich schwimme im Meer, das sehr ruhig ist, kurz nach Sonnenaufgang. Ich lasse mich treiben, liege mit geschlossenen Augen bewegungslos auf dem Rücken und denke: Ich kann doch nie ein Buch schreiben. Bücher sind mir einfach zu lang. Fünfhundert-Seiten-Romane konnte ich noch nie ausstehen. Selbst habe ich auch nie einen Text geschrieben, der über ein Dutzend Seiten lang war. Gedichte, ja. Die sind so schön verdichtet, wie Bilder. Gemalt habe ich seit meiner Gymnasialzeit nicht mehr, obwohl ich damals Freude daran hatte. Meine Bilder aus der Schulzeit liegen alle seit Jahren unberührt in irgendeiner Schachtel, auch meine Gedichte: keine besonderen, ganz ehrlich gesagt, bloß jugendliche Romantik. Jeder schreibt solche Gedichte, solange er jung ist – jung und verliebt vielleicht.

Was ich hier mache, ist so fragmentarisch, dass ich damit wohl auch schon nach zehn, zwanzig Seiten aufhören werde. Es hat keinen roten Faden, zumindest nicht wirklich, topographisch vielleicht, von Ort zu Ort, auch chronologisch. Hat sich Südostasien in zehn Jahren verändert? Habe ich mich verändert? Oder sitzt immer noch derselbe *lonely traveller* auf den Veranden jener Hütten, die vor zehn Jahren auch schon da standen? Sind die Sehnsüchte noch dieselben? Warum bin ich eine Reise? Was macht mich so unbeständig, dass ich es nicht länger in derselben Stadt aushalte?

16. Kapitel

JUGEND|8

Die beiden jungen Menschen erlebten nun ihr zweites gemeinsames Osterfest. Frei nahm die Zeit zum Anlass, um mit ihr nach Venedig zu fahren. Herrliche Tage waren das. Es waren Tage des Staunens, Sehens, Erlebens und Tage des Festes der Liebe. Die Kanäle und Paläste Venedigs zusammen mit dem *Dolce Vita* Italiens verfehlten nicht ihre Wirkung auf die Leute, die mit offenen Sinnen wahrzunehmen imstande sind. Und dazu konnte man Frei und sein Mädchen zählen. Sie waren voll des Neuen und sie liebten sich.

Vorübergehender Wohnort Hamburg: immer ein gutes Buch in der Hand

In diesem ersten Jahr der tiefen Freundschaft gab es aber nicht, wie nirgends im Leben, nur Liebe, sondern auch Momente des Konfliktes und Probleme verschiedenen Umfangs – allerdings nichts, das den Grundstein der Beziehung hätte aus seiner Lage bringen können. Es gab keine anderen Frauen in seinem Leben und auch sie dachte nicht daran, ihren Frei zu belügen oder zu betrügen. Obwohl Chancen da waren, gab es gegenseitige Treue. Man genoss die gemeinsame Zeit, obwohl es dazwischen immer wieder harmlose, jedoch aufgebauschte Streitpunkte gab. Warum? Keiner von beiden wusste es und man kam sich wieder näher. Die Versöhnung war dann ein gutes Gefühl, einen Stein der Grundmauern wieder gefestigt zu haben.

Das Schuljahr ging dem Ende zu. Im Endspurt schafften es beide ganz gut und dieses Mal begannen die Ferien ohne Prüfungssorgen für den Herbst. Man entschloss sich zu einer gemeinsamen Urlaubsfahrt in den Süden – nach Griechenland und in die Türkei. Von Seiten der Eltern kam wohlwollende Zustimmung und nichts stand der Abreise am ersten Ferientag im Wege.

Gangaroo-Buchpräsentation in Melbourne

17. Kapitel

MITTE 30|8

Ich sehe schon, das wird kein Buch: viel zu viele Fragen, statt Antworten zu liefern. Würden Sie sich Antworten aus einem Buch erwarten? Dafür bin ich zu jung, wird sogleich manch Altvorderer einwenden, der sein Lebtag nicht aus Europa rausgekommen ist (vielleicht einmal einen Urlaub auf Gran Canaria verbracht hat). Die Antworten habe ich schon hinter mir, denke ich manchmal, die Fragen haben diese wieder überholt, denke ich, wenn ich mich alt fühle, alt und müde. So wie ich jetzt aufs Meer hinausschaue, fällt mir ein Freund aus

Nächtliches Gelage auf unserer Dachterrasse in Sydney

Sydney ein. Der sagte, wenn er einmal so müde ist, fährt er mit seiner Yacht einfach aufs Meer hinaus. Er will sie so lange hinaussteuern, bis das Boot entweder zu viel Wasser genommen hat (der Segler ist bereits in seinem Alter: sechzig), oder nein, Selbstmord ist kein Thema für mich.

Ab und zu kommen Menschen unten am Weg vorbei, hören die alte *Remington* klappern und denken sich wohl: Das muss ein Schriftsteller sein! Scheiß Schreibmaschine, denke ich, warum habe ich keinen Laptop auf den Knien: fast geräuschlos, editierbar – und mir wird übel bei der Vorstellung, das Ganze nochmals abzutippen (jetzt, wo ich's allerdings tue, find ich's gar nicht mehr so schlecht). Schreibmaschinen waren früher sicher eine tolle Erfindung, gehören aber schon der Vergangenheit an – so wie ich und meine Reise, auch wenn sie noch lange nicht zu Ende geht. Wenn ich Schriftsteller werden will, werde ich mir doch irgendwann einen Laptop kaufen (obwohl mir das z.B. hier nicht lange von Nutzen sein würde, weil's keinen Strom gibt, um die Akkus aufzuladen – auch technischer Fortschritt hat seine Grenzen).

Der R4 war nicht nur ein gutes Auto, sondern auch ab und zu unser Schlafzimmer

18. Kapitel

JUGEND|9

"Freiheit, du bist doch unser größter Schatz, an dem man sich berauscht, den wir gar nicht bis an seine Grenzen ausnützen können!" jubelte Frei, als er seinen kleinen Renault fertig bepackt vor das Haus seiner Freundin fuhr. Sie beeilten sich so sehr mit der Abfahrt, dass sie erst hinter der jugoslawischen Grenze bemerkten, dass das Geld zuhause vergessen wurde. Also wurde umgekehrt. Es war nicht weiter schlimm, sie hatten sogar ihren Spaß daran und nützten die Zeit daheim noch für ein ordentliches Abschiedsmahl, ehe sie endgültig und nun ohne etwas vergessen zu haben in die Ferienreise starteten. Das Dach wurde geöffnet und der frische Wind tat gut und untermalte die fröhliche Musik aus dem Autoradio.

Hinter Zagreb fand sich abseits der *Autoput* ein erster Platz zum Übernachten, wo man sich auch zögernd und neugierig den neuen Anforderungen von solch einer Reise anpasste. Es war ein romantischer Abend, bis auf die vielen Gelsen, mit denen sie aufregende Schlachten fochten. Außerdem konnten sie lange nicht einschlafen, da die Gedanken um die nun begonnene Reise die Köpfe durchwühlten.

Doch ging es nach dieser ersten Nacht im Schoß der freien Natur bald fröhlich weiter. Jeder Aufbruch zu etwas Neuem hatte für beide Menschen das uralte Drängen in sich: das Drängen nach Neuem, Unbekanntem, Exotischem und Schönem. Weiter entdeckten sie zwischen Banja Luka und der Küste Straßen und Städte, die in der Zeit der Monarchie Bedeutung erlangt hatten. Sie folgten den Spuren alter Kaiser und verbrachten Stunden auf der wundervollen Steinbrücke in Mostar. Sie erlebten das Treiben in der Altstadt von Dubrovnik, der vielleicht schönsten Stadt der Küste, und sie gaben ihre Körper der Sonne und dem Meer auf der Insel Lokrum. Sie überquerten die montenegrinischen Berge und erreichten die makedonischen Ebenen. Sie lernten die Griechen kennen und schätzen und bewunderten natürlich auch ihre antiken und weithin bekannten historischen Stätten. Frei lief "Stadien" im Stadium und seine Freundin mimte eine Schauspielerin im Amphitheater in Delphi. Sie bekamen eine Ahnung vom spartanischen Leben in Mistras und genossen den Anblick der im Hafen schaukelnden Boote in Kalamata, wo sie mit einheimischen Griechen in gelockerter Stimmung tranken und auf den Tischen Sirtaki tanzten.

"Hot Wheels": Unterwegs im Pontiac Firebird auf Oahu, Hawaiian Islands

19. Kapitel

MITTE 30|9

Somit habe ich mir eine gute Ausrede zurechtgelegt, doch kein Buch schreiben zu müssen. Ohne Laptop ist's viel zu mühsam, hunderte Seiten abzuschreiben, x-mal zu bearbeiten. Vielleicht kann ich ja ein kürzeres Manuskript auch gerade noch einem Zeitschriftenverleger unterjubeln. Denn im Grunde will jedes Stück Text gelesen sein, wozu würde es sonst geschrieben werden? Ich brauch's nicht als Therapie – also verkaufen, das Stück! Dabei ist das nicht einfach. Deutschsprachige Zeitschriften haben üblicherweise kaum

"Hot Air": Mit dem VW-Bus durch die Wüste

Geld und zahlen miserable oder auch gar keine Honorare. In Australien bekäme ich A$100.00 für tausend Worte (ein Grund, wortreich zu schreiben: Bis jetzt sind's immerhin 2100 Wörter = A$210.00, das ist schon mehr als nur eine warme Mahlzeit). Dann müsste ich das Ganze aber erst übersetzen, da ich wieder in meiner Muttersprache schreibe: Deutsch. Zwar hat mein Vater auch deutsch gesprochen, doch Sie würden es komisch finden, wenn ich Deutsch meine Mutter- und Vatersprache nennen würde. Egal.

Am besten vergesse ich gleich, ob ich nun ein Buch oder einen Magazintext machen will, und klappere einfach weiter, solange ich Lust dazu habe (und Papier da ist). Noch sind ein Dutzend Tage vor mir, Tage, die ich wohl nicht gänzlich mit Lesen, Auf-den-Horizont-Starren und Schwimmen zubringen werde, Tage, die mir guttun, auch wenn der Schweiß in Strömen aufs Papier unter mir tropft. Ich liebe Hitze, ob tropisch oder in der Sauna. Jetzt wissen Sie schon mehr von mir: Büchermacher, Fisch im Sternzeichen und Saunagänger. Ich bin gespannt, was noch alles aus mir rauszulocken ist.

20. Kapitel

JUGEND|10

So ging es wundervolle Wochen lang dahin. Sie sahen viele Städte und Dörfer und vor allem Menschen darin, freundliche Menschen, die erzählten und bewunderten, Menschen, die vielleicht etwas von ihnen lernten, die aber bestimmt viele Erfahrungen an sie weitergeben konnten. Sie wurden eingeladen und wohnten sogar einige Zeit im Kreise netter Griechen und Türken. Es war eine wunderbare Zeit für beide. Sie genossen intensiv das starke, überwältigende Erleben des Neuen.

Griechenland: trinken, tanzen, Teller zerbrechen

Am Meer in Jugoslawien, an den griechischen Dünen und dann sogar an den drei türkischen Meeren erquickte das kühle Nass und erwärmte die immer nur strahlende Sonne des Südens. Dann waren es wieder die landschaftlichen Schönheiten im Inneren des Landes, die sie in Entzücken versetzten. Es ging quer durch das Land in malerische Bergdörfchen und an exotischen Wäldern vorbei. Einmal überwanden sie mit der Bootsfähre ein Stück des Meeres vom Peloponnes auf griechisches Festland, dann setzten sie wieder von der europäischen auf die asiatische Türkei über. Und immer gab es etwas zu erleben, kleine Abenteuer, jedoch nie ernsthafte Schwierigkeiten.

Es wurde eine erlebnisreiche Urlaubsfahrt über ein paar tausend Kilometer fremdes Land, von der sie gar nicht so schnell zurückkommen wollten.

Frühmorgens auf der Farm in Neuseeland

21. Kapitel

MITTE 30|10

In zwei aus zwanzig Reisejahren hat mich diese *Remington* begleitet – und erst dieser Stopover hat mich dazu verführt, einmal mehr als Briefe damit zu schreiben. Vor zehn Jahren habe ich handschriftlich Reisetagebücher angelegt – aber das wissen Sie bereits. Die werde ich in zehn Jahren wieder lesen. Im Moment weiß ich noch, was drinsteht: nicht gerade jener Stoff, aus dem Thriller gemacht werden. Wollten Sie lieber so etwas lesen? Vielleicht einen wie die *Bourne-Identity* von Robert Ludlum? Den habe ich unlängst im

Die Morgensonne genießen beim wilden Campieren

Fernsehen angeschaut, mit Matt Damon, sehr spannend, so etwas. Aber eine ganz normale Reise kann es auch sein, auf ihre Art.

Untertreibe ich da nicht, mein Unterwegs-Sein eine ganz normale Reise zu nennen? Meine Kameraden aus der Schule und die Studienkollegen von der Uni würden das nicht begreifen: Jeder hat einen gut bezahlten Job, Familie und Bierbauch. In spätestens zehn Jahren werden sie in ihre Midlife-Crisis kommen und ich werde immer noch unterwegs sein. Dafür habe ich meine Krisen schön gleichmäßig über mein Leben verteilt – die Sinnfrage und derlei Zeug – Sie wissen ja.

Winter in Österreich

22. Kapitel

JUGEND|11

Es gab wieder eine Hochzeit zuhause, die ihr Erscheinen und somit die Rückreise notwendig machte. Gerlinde, die Schwester von Freis Mädchen, ging nun, wie ein Jahr zuvor ihr Bruder, den Bund der Ehe ein. Es gab ein hübsches Fest nach volkstümlicher Tradition in österreichischen Trachten.

Freis Beziehungen zu der Familie seiner Freundin waren nun gut, es schien alles in bester Ordnung zu sein. Er wurde von allen anerkannt und es wurde in lockerster Manier geplaudert. Ob es auch eine glückliche Ehe werden

... und Winter in Spanien

würde, war natürlich nicht vorauszusehen. Die besten Wünsche aller Gäste begleiteten das frisch vermählte Paar und ein gelungenes Hochzeitsfest war es auf alle Fälle. Würde vielleicht eine dritte Hochzeit der jüngsten Tochter und Freis folgen?

Kurz danach bezog Frei eine neue Wohnung. Es gab dabei für ihn ohnehin so viel zu tun, dass andere Gedanken gar keinen Platz fanden. Er übersiedelte alles selbst und schuftete recht hart für die neue Umgebung. Jedes Möbelstück wurde eigenhändig zerlegt, manchmal auch mit Unterstützung seiner Freunde in den zweiten Stock des neuen Hauses geschleppt, gepflegt und wieder zusammengebaut. Für die Gestaltung seiner neuen vier Wände scheute Frei weder Zeit noch Mühe, um sie seinen Vorstellungen entsprechen zu lassen. Er verzichtete auch auf Handwerker und erarbeitete sich jedes Detail mit viel Liebe und Geduld. In dieser Zeit des Umzuges blieb ihm nicht viel Zeit für seine Freundin. Sie unternahmen nur noch eine gemeinsame Fahrt nach Wien, die aber in erster Linie dazu diente, skandinavisches Mobiliar einzukaufen.

Eine seltene Begegnung auf Magnetic Island

23. Kapitel

MITTE 30|11

Unruhe. Graz als Geburtsstadt ist ein guter Ausgangsort. Keiner hält es dort lange aus, also beginnt man zu reisen. Andere übersiedeln – ich bin über viele Jahre zunächst immer wieder zurückgekehrt, um wieder fortzugehen: ein Spiel, mehr nicht. Zwischendurch gab es in Graz auch noch eine schöne, aber kurze Ehe. Und die Studien. Nachdem beides vorüber war, gab's auch keinen Grund mehr, zurückzukehren. Nächstbeste Station innerhalb Österreichs war Wien: eine gute Stadt zum Leben, man kann dort sogar ohne Auto sein,

dennoch habe ich mir diesen Luxus bis zuletzt geleistet (obwohl ich ihn mir kaum mehr leisten konnte – aber jetzt ist es verkauft). Gut, aber auch das ist 'Inland'. Das hat enge Grenzen.

Diese Grenzen habe ich oft überwunden, meine Reisepässe bezeugen das, aber lange nicht verleugnet. Bis vor gut zwei Jahren war ich zwar ständig monatelang immer irgendwo im Ausland, aber nie richtiger *Auslandsöster-reicher*. Jetzt bin ich Australier. Das war mir am nächsten, weil man nur ein "a" und ein "l" einzufügen braucht. Glauben Sie mir nicht? Stimmt aber. Außerdem ist dort Sommer, wenn man in der nördlichen Hemisphäre im Winter wegfliegt. Und Kängurus und Koalas gibt's dort auch. Die sehen genauso niedlich aus wie auf den Bildern, die Sie schon kennen.

Bereits ein Klassiker: meine Yamaha XT500

24. Kapitel

JUGEND|12

Bevor das letzte Schuljahr seines Lebens anbrach, wurde auch die Wohnung fertig und bezogen. Frei lebte sich recht bald in die neue Umgebung ein, nur sein Mädchen trauerte dem alten, gewohnten Haus nach. Was sollte er machen – er genoss diese Wohnung und fühlte sich darin wohler denn je.

So kam also das letzte Jahr Schule und die Matura für die zwei jungen Menschen heran. Beide hatten nun eine Menge zu arbeiten für diesen Abschluss und deswegen auch weniger Zeit für einander.

Ich hatte drei Mopeds (hier die Gilera), zwei Roller und zwei Motorräder

Für Frei waren es bautechnische Programme mit Berechnungen, Plänen, Detailausarbeitungen, Kalkulationen und dergleichen noch vieles mehr, für seine Freundin war es eine ganze Menge Lernstoff verschiedenster Gebiete. Zu tun gab es genug.

In dieser Zeit wurde die Freundschaft und Kameradschaft in der Klasse enger, worunter die Liebesbeziehung zu seinem Mädchen auch ein bisschen litt. Sie redeten nur mehr selten von Liebe und hatten auch kaum mehr Gelegenheit dazu. Das Gemeinsame in diesem Jahr kam wahrscheinlich zu kurz.

Es wurde nur noch im Winter ein gemeinsamer Schiurlaub unternommen. Der Schnee in Kärnten war herrlich, doch die zwischenmenschlichen Gefühle waren bald so kühl wie die Luft beim Schilaufen. In dieser Woche kam es des Öfteren zu Auseinandersetzungen mit an und für sich kleinen Ursachen, doch umso größeren Auswirkungen. Gott sei Dank war es aber noch nicht so schlimm, dass sie sich dadurch die Freude am Wintersport verleideten.

Ich habe auch oft Tramper mitgenommen: mit den Boys im Bluebird rund um Australien

25. Kapitel

MITTE 30|12

Heute ist kein guter Tag, um einen Text wie diesen fortzusetzen. Ich beginne zu schwätzen.

Also trinke ich lieber noch einen Mekong auf der Veranda und höre den Geckos zu, oder ich gehe ins Gasthaus und schwätze mit anderen Reisenden (in der Nebensaison sind nicht viele hier). Es bleibt die Hoffnung, dass morgen ein literarischer Anschlag in meine Finger fährt. Nur die Hoffnung nie aufgeben (endlich ein guter Rat)!

Mit Mireille aus Frankreich stets auf der Suche nach dem endlosen Sommer

Letzte Nacht hat mich eine Maus besucht – nicht, was Sie vielleicht denken, sondern eine mit vier Beinen und einem grauen Schwänzchen.

Irgendwie hat das Kratzen an meiner Haut in dem dünnen Leinenschlafsack so ganz und gar nicht in meinen Traum gepasst, da bin ich erschrocken aufgesprungen und habe eine kleine Maus herausgeschüttelt. Erst hatte ich in der Dunkelheit gar keine Ahnung, was das war. Licht gibt es keines in der Nacht (man lässt Stromgeneratoren nur für einige Abendstunden laufen), die Maus und ich, wir waren sicherlich beide gleichermaßen entsetzt. Dabei ist mir François Villon in den Sinn gekommen, mit seiner Ballade von der Mäusefrau. Zwar war die Maus immer noch unter dem Moskitonetz, aber was hätte ich tun sollen, außer wieder einzuschlafen und von Mäusefrauen weiterzuträumen.

Inselhüpfen in der Ägäis mit meinem Renault 11

26. Kapitel

JUGEND|13

Auch dann zuhause in Graz kamen nun solche Szenen in immer häufigeren Konfliktsituationen in immer kürzeren Abständen. Sie versöhnten sich zwar immer wieder, für einen von beiden war es aber bestimmt schwer, alles rückstandslos zu verdauen. Sie machten sich abwechselnd etwas vor und stauten unbewältigte Gefühle auf. Das belastete beide und legte sich auf das Gemüt. Es kam viel seltener zu echter Fröhlichkeit wie früher einmal, wo beide noch die Fähigkeit besessen hatten, in ihrer Liebe zueinander miteinander so

schön verrückt sein zu können. So etwas gab es nun nicht mehr. Frei dachte eine Zeit lang daran, dass es nach der Matura wieder so wie früher sein könnte. Doch das waren Illusionen.

Es gab noch diese zärtliche Beziehung, die jedoch immer öfter in Frage gestellt wurde. Misstrauen – Eifersucht – Streit – Versöhnung. Nicht das, was man eigentlich anzustreben gedacht hatte: echte, reine, wahre Liebe.

Er mochte das Mädchen, zehrte noch an einer wundervollen gemeinsamen Vergangenheit, doch was sollte die Zukunft den beiden sich einst so Liebenden bringen? Gab es noch eine gemeinsame Zeit der Liebe?

Stolz auf Geraldton in Westaustralien und die Ganglbauer-Gasse in Wien

27. Kapitel

MITTE 30|13

Vor zehn Jahren hat mir eine Redakteurin, die meine Gedichte gelesen hatte, vorgeschlagen, ich solle doch lieber über meine Reisen schreiben, denn das gäbe besseren Stoff her, da ich schon damals an Orten war, die die meisten Menschen in ihrem Leben nie zu sehen bekommen.

Sie hätte ja durchaus recht haben können, doch ich war sicher, dass das andere Reiseschriftsteller schon ausreichend getan haben wie zum Beispiel der französische Schriftsteller Jules Verne.

Die Bücher und ich im "Literaturkeller" des Gangan Verlags

Als Bub habe ich *In 80 Tagen um die Welt* gelesen – und später dieselbe Reise nachvollzogen. Wozu also dieselbe alte Geschichte neu schreiben? Eine Fotoreportage für eine Tageszeitung habe ich daraus ohnehin gemacht.

Wozu überhaupt schreiben? Nach der *Frankfurter Buchmesse* habe ich mich das jedes Mal wieder gefragt, bei Millionen Büchern. Wer soll denn das lesen? Wie soll man daraus das Lesbare herausdestillieren? Ist nicht alles und jedes irgendwann schon von irgendwem gedacht und aufgeschrieben worden? Was wäre das Neue daran, meine Reise zu erzählen? Entdecken Sie etwas Neues? Was habe ich in den bisherigen Abschnitten von meiner Reise erzählt? Der Autor Wolfgang Hermann schickt mir Briefe nach Sydney und erzählt mir darin von seinen frisch publizierten Geschichten. Auch ich habe solche Geschichten zu erzählen, aber wozu sollte ich sie aufschreiben, wenn er und viele andere das ohnedies getan haben? Könnte ich es eben nur auch, oder besser? Sehr fraglich.

Was meinen Sie?

Bei den Berbern, Algerien

28. Kapitel

JUGEND|14

Vor der Matura machte Frei mit seinem besten Freund Thomas eine Entspannungsreise nach Istrien ans Meer. Im Campingbus fuhren die beiden Freunde also südwärts – ohne ihre Mädchen. Und beide fanden in der Einsamkeit ihre Liebe zu den Freundinnen bestätigt. Frei schrieb einen zärtlichen Brief an sein Mädchen und gab sich das letzte Mal der Illusion eines gemeinsamen Neubeginns hin. Doch war es wahrscheinlich zu spät dafür. Auch ein größerer Abstand zu ihr würde nicht mehr helfen. Beide liebten das

Durch die Sahara

Traumbild des Anderen, und wenn sie zusammenkamen, schaute schon alles wieder ganz anders aus. Es fiel in sich zusammen und die Beziehung schien unsinnig zu sein.

Zu Pfingsten, in den letzten Tagen vor der Reifeprüfung, gab es im Burgenland ein Rockfestival, an dem Frei mit Freunden und ohne Mädchen teilnahm. Man genoss die Atmosphäre der Freiheit und machte Bekanntschaften, frischte alte Verbindungen wieder auf und tanzte mit Musik in die Nächte hinein.

Am nächsten Tag begannen die Prüfungen, bei denen Frei keine Schwierigkeiten hatte. Das ersehnte Maturazeugnis war endlich in seiner Tasche und von nun an wurde alles anders.

Cynthia aus Japan

29. Kapitel

MITTE 30|14

Heute hat mich eine Schottin nach meinem Lieblingsland gefragt. Nach langem Nachdenken habe ich geantwortet: die Welt. Das ist es – nicht politisch Umgrenztes oder isolierte Kulturkreise. Ich sehe die Welt als ein Ganzes und atme erst durch ihre Vielheit. Hautfarbe, Bruttonationalprodukt oder Geschichte sind nicht so ausschlaggebend wie das Lächeln eines einzigen Menschen, der damit vom Fremden zum Freund wird, selbst in einer flüchtigen Bekanntschaft. Da soll mir einer erzählen, er könne in den Krieg

ziehen gegen Menschen, die er alle kennt und zu Freunden gemacht hat, bloß weil einigen machthungrigen Politikern und geldgierigen Wirtschaftsbossen und prestigesüchtigen Generälen danach ist, ihren Einfluss und ihr Bankkonto und ihre Macht weiter zu vergrößern. Aber: Gerade war Krieg im Golf und eine Menge Menschen konnten aufeinander losballern. Und sie tun es.

Ich habe den Kriegsdienst nach der Matura verweigert und bin stattdessen für das Rote Kreuz gefahren, überzeugt davon, damit etwas Sinnvolles für die Menschen zu tun. Nun wissen Sie schon wieder ein kleines Detail von mir. Dies ist ein Text über das Innehalten auf einer Reise. Aber da ich diese Reise bin, ist es ein Text über mich. Interessiert Sie das immer noch?

Ja?

Erstaunlich.

In der Studenten-Clique rund um Evelyn

30. Kapitel

JUGEND|15

Nun ging eine Wandlung mit Frei vor sich. *Le freak (c'est chic)!* Er wurde ein bisschen verrückt. Aber gerade richtig *crazy*. In dieser Zeit der vollen Freiheit lernte er viele Menschen kennen: Frauen, Typen und eine Menge Studenten, zu denen er sich nun auch bald zählen durfte (als ob das etwas Besseres wäre). Es wurden neue Freunde entdeckt und neue Freundeskreise erschlossen, was er früher, in Zeiten der Beziehung zu seinem (jetzt Ex-) Mädchen, kaum für möglich gehalten hätte.

Er fühlte sich unheimlich wohl in seiner neuen Freiheit. Nach fast drei Jahren mit einem geliebten Mädel war er nun ohne sie, doch mit einer Menge anderer Leute.

Bald darauf flog die ganze Maturaklasse nach Spanien, auf eine Baleareninsel, und Frei war dabei. Es wurden wunderbare Tage und Nächte: faul in der Sonne liegen, braun werden, den Mädchen nachschauen und sie erobern, sich wieder im Meer aalen und anschließend am Hotelswimmingpool faulenzen, bis alle zu ihren nächtlichen Exkursionen ausschwärmten. Es wurde ein Urlaub, wie ihn Frei bisher noch nicht gemacht hatte, aber er fand auch daran großen Gefallen.

Aus der Klassengemeinschaft entstanden Freundschaften, besonders zu einem Typ, mit dem Frei gemeinsame Pläne für Amerika und Mexiko schmiedete. Kaum ein Kollege glaubte daran, teilweise wurden sie dafür belächelt, doch war es für Frei und seinen Klassenkameraden abgemacht. Sobald der Zivildienst für sein Land geleistet sein würde, sollte es losgehen, ohne Frauen (wozu auch: *Cherchez la femme!*). Drüben, hinter dem großen Teich, wollten sie ihr Glück versuchen.

Den Jugendtraum habe ich mir Jahre später mit Australien solo erfüllt.
Mein Schulfreund hat dafür eine Frau, drei Kinder und gilt hierzulande als recht wohlhabend.

Im Outback habe ich einen Känguruschwanz wie diesen am Lagerfeuer zubereitet

31. Kapitel

MITTE 30|15

Österreicher, die in Australien leben, gibt es einige. Einer, der erst dreiunddreißig ist und schon mit seinem ersten Buch im australischen Fernsehen war, das ist seltener. Es ist erst zwei Wochen her, dass ich mit den Fernsehleuten im *State Theatre* war, wo sie den Beitrag für *The Book Show* gedreht haben. Er ging diese Woche auf Sendung, ich werde mir später das Videotape anschauen. (Werden Sie mir Eitelkeit unterstellen?) Technik ist auch zu etwas nütze – so wie ein Laptop, der mir immer mehr abgeht.

Mit meinem Jeep Cherokee in den Snowy Mountains

Mit dieser *Remington* auf den Knien komme ich mir bereits vor wie ein Relikt aus der Vergangenheit.

Fällt Ihnen auf, dass ich ganz kurze Sätze schreibe? Früher füllte ich mit diesen verschachtelten Gebilden noch ganze Seiten. Das ist nicht ein Zu-Herzen-Nehmen der Empfehlung für Kronenzeitung-Journalisten, sondern kommt daher, dass ich bereits in einem deutsch-englischen Gemisch denke. Manche Redewendungen übersetze ich mir bereits zurück. Mit den Jahren werde ich wahrscheinlich Deutsch zunehmend verlernen und Englisch auch nie richtig können. Dafür gibt's lebende Beispiele.

Ein Drama?

Ich weiß nicht.

Er folgte dem Ruf der Freiheit, wie er sich das Leben vorstellte

32. Kapitel

JUGEND|16

Auch in Spanien fand Frei sein Glück. Er machte die Bekanntschaft mit einem hübschen deutschen Mädchen in einem der zahlreichen Tanzlokale. Als sie sich tags darauf zufällig wieder trafen, merkten sie, dass sie ungefähr dieselbe Wellenlänge hatten und sich gut verstanden.

Von da an trafen sie sich im *Rising Sun* und bummelten gemeinsam durch die Nächte oder über den Strand.

Das war seine erste Urlaubsbekanntschaft.

So verging die Zeit auf der Insel viel zu schnell und der Rückflug musste angetreten werden. Es war allen Freunden ein Spaß gewesen und man würde sich immer mit Freude an die Maturareise erinnern. Die Klasse nahm Abschied von der Insel und von den Leuten, die man kennengelernt hatte, und Frei nahm Abschied vom Mädchen aus Deutschland.

Kaum zuhause angekommen, packte ihn jedoch gleich wieder das Reisefieber. Er schulterte seinen Rucksack und folgte dem Ruf nach Freiheit, wie er sich das Leben vorstellte. *Love, Peace and Freedom.*

Über jegliche Grenzen hinweg einfach raus in die Welt. Allein und frei.

Er würde nicht so bald zurückkommen.

Schriftzug vom Originalmanuskript

Die 16 Abschnitte *Jugend* sind authentische Texte aus dem Jahr 1979 und wurden vom jugendlichen Autor *Frei und die Liebe* getitelt.

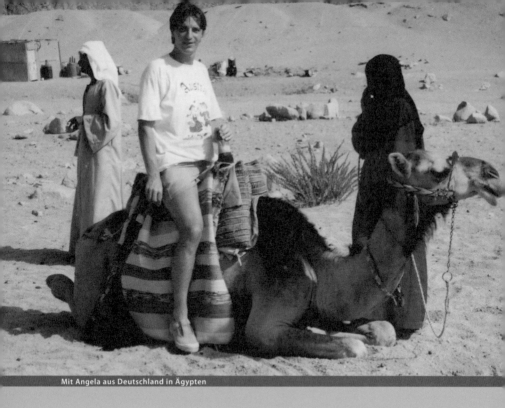

Mit Angela aus Deutschland in Ägypten

33. Kapitel

REISENOTIZEN|1

Sydney, 29. Juni 1997

Erotischer Traum vor dem Abflug: Irgendwo in der Natur an einem nicht ganz einsamen Ort heißen Sex mit einer schönen fremden Frau gehabt. Nach einem geilen Orgasmus (das Bett war tatsächlich ganz nass geworden) bin ich schwerelos auf Bäume geklettert und habe mich um dicke Äste geschwungen. Dazu bezaubernde Musik, was für ein wunderbarer Traum ...

5:45, der Wecker holt mich in die Wirklichkeit. Ich muss zum Flughafen.

Keine Angst vor "Y2K": am Nachtflug vom 31.12.99 auf 01.01.00 war ich beinahe allein in der Boeing 777

Seoul, 9:30 Flugzeit

30 Grad abends und schwül im Flughafen. Im Rauchsalon* ... beide Flüge (*Qantas* und *Asiana*) no smoking!

30. Juni 1997, Wien, 12 Stunden Flugzeit, 3 Uhr morgens

Relativ gut erhalten angekommen, ein paar Stunden im Sitzen zu schlafen versucht ... keiner hat mich abgeholt ... willkommen geheißen, das erste Mal mit australischem Reisepass nach Österreich gekommen, als Fremder, Besucher, der die Zeit bis zur ersten S-Bahn um 5:03 in die City wie alle anderen Fremden auf einer Bank in der Ankunftshalle zubringt ... bin gespannt, wie das Wiedersehen mit "alten" Freunden sein wird, wie lange ich hier bleiben werde.

Meine Mutter wird sich freuen, aber sonst?

*Heute wäre mir das unvorstellbar, da ich schon seit 2001 nicht mehr rauche.

The Unifying Aspects of Cultures: TUAC-Konferenz im Austria Center

34. Kapitel

MITTE 30|16

"So wichtig ist ja nichts Geschriebenes." Ein Zitat von Peter Pessl, das gut zu diesem Absatz passt. Ich könnte es ja so machen wie Lucas Cejpek in *Diebsgut* und einfach Zitate zusammenstehlen. Würden Sie es merken? Da ich aber eingangs schon die Vermutung geäußert habe, dass alles schon einmal geschrieben worden ist, wird auch dieser Text sicherlich eine Ansammlung von Diebsgut, unwissentlich allerdings. Und wenn schon, dann zitiere ich nicht Goethe, Shakespeare oder Miller, sondern meine Ex-Frau, Pessl oder Cejpek (sollten Sie kennen).

Wenn ich jetzt am Macintosh sitzen würde, wüsste ich, ob ich schon über die 2000-Worte-Barriere bin (da ich jetzt beim Abtippen daran sitze, weiß ich es: 3479 gezählte Worte), und damit, ob es bald an der Zeit ist, entweder zu einem Ende zu kommen oder erst richtig loszulegen, mit der Reise: einer Reise in zwanzig Jahren, mit ungezählten Stationen. Wollen Sie wissen, wie viele Länder ich gesehen habe? Ich weiß es selbst nicht, mit dem fünfzigsten Häkchen habe ich zu zählen aufgehört (wie auch bei den Geliebten). Das ist rein rechnerisch noch nicht einmal ein Drittel der Staaten dieser Erde (und ein ridiküler Prozentsatz der weiblichen Weltbevölkerung). Wozu auch zählen? Mit den Flügen habe ich auch bei fünfzig aufgehört. Fünfzig Gepäckanhänger mit allen möglichen Destinationen hängen an dem Platz in Graz, der zwar mein Eigen ist, den ich aber kaum mehr zu sehen bekomme. Graz existiert nur noch als eine Postleitzahl: A 8045.

Dennoch war ich verdammt lange in dieser Stadt, die mir nur dank meiner vielen Ausreisen erträglich schien, doch nicht zu lange, gerade eben bis zum Grenzwert. Peter Glaser nennt sie die Stadt, in der die Schriftsteller für den Export hergestellt werden. Er selbst lebt in Deutschland. Alle, denen lokale Berühmtheit auf die Dauer nicht genügt, verlassen die Stadt. In Berlin oder Wien unbekannt zu sein, ist immer noch besser. Ich konnte da gar nicht weit genug wegkommen, auf die andere Seite der Welt, *down under*, wo Freiheit noch wörtlich aufgefasst wird, wo man unkomplizierter miteinander umgeht, ohne *Sehr geehrter Herr Ministerialrat* und so Zeugs.

Sie kennen das ja.

Meine Mutti mit 92 und ich mit 44 Jahren

35. Kapitel

REISENOTIZEN|2

1. Juli 1997, Wien

Nun, ein paar Freunde haben sich doch gefreut. Punkt 6 Uhr morgens war ich im 2. Bezirk, habe Sabine und ihren sehr verschlafenen italienischen Liebhaber aus dem Schlaf geläutet und war dennoch willkommen. Wege und Erledigungen bei der *Bank Austria* und der *Ersten* (Konto geschlossen), Kaffee im *Museum* und ein paar Leute angerufen.

Wach geblieben bis 9 Uhr abends ...

Heute treffe ich Moucle zum Lunch, Bruno abends und vielleicht noch Heinz und Irene. Um 6 Uhr aufgestanden, rasiert und geduscht und frisch. Werde zu den Bösmüllers rübergehen und was frühstücken.

3. Juli 1997, Wien

Gestern Bruno, Tamara, Heinz, Elisabeth Marek getroffen und mich schon durch Berge meiner Post gewühlt. Heute um 10 Uhr treffe ich Petra, zum Lunch dann Dagmar und abends Mona M.

Macht mir Spaß, wieder in Wien zu sein.

Das Wetter ist auch schön warm ...

2. September 1997, Olympia Hotel Seoul

Hm, zwei Monate lang keine Eintragungen. Den Juli in Wien, den August in Graz und zu *busy,* um zu schreiben. Jetzt bin ich auf dem Weg zurück nach Sydney, auf einem 12-Stunden-Stopover in einem Luxushotel in Seoul, gerade einem langen heißen Bad entstiegen und müde.

Gestern in der Früh hat mich eine liebe Nachbarin, Frau Zöhrer, zum Grazer Hauptbahnhof gebracht, Abschied von meiner besten aller Mütter, der entzückenden alten Dame, die ich endlich wieder gut kennen und lieben gelernt habe. War wirklich froh, lange in Graz gewesen zu sein, und habe auch ein zartes Gefühl von "Heimat" wiederentdeckt ...

Dann ging's im Zug nach Wien Südbahnhof, mit der S-Bahn nach Wien Mitte (*Bank Austria*) und weiter nach Schwechat, alles bestens in der Zeit. Bei *Asiana* eingecheckt und Mutti noch mal angerufen, dass alles in Ordnung ist, denn sie macht sich immer noch zu viel Sorgen um mich. Der Flug war recht angenehm, viel Platz in der 767-300 und zwischen zwei Filmen (*Fools Rush In* und *The Saint*) habe ich sogar etwas gedöst ...

Jetzt bin ich zu faul, um noch weiterzuschreiben.

Ich gehe erst einmal zum Lunch.

50 und Parkinson: vor einer Bougainvillea im Garten von Heather in den Sydney Suburbs

36. Kapitel

50 PLUS |1

Gestern bin ich wieder in Colombo gelandet. Nach 30 Jahren wieder. Ich bin immer noch eine Reise, denke ich mir, der Weg ist das Ziel, wie ich gerne zitiere.

Dabei habe ich bereits vergessen, wer das gesagt hat, denn ich erinnere mich nur mehr an die *Citroën*-Werbung. Eine buddhistische Weisheit ist das, glaube ich. Der Weg ist das Ziel, als Weltanschauung genauso wie als Slogan einer Automarke. Aber warum schreibe ich das jetzt, lieber Leser, 15 Jahre

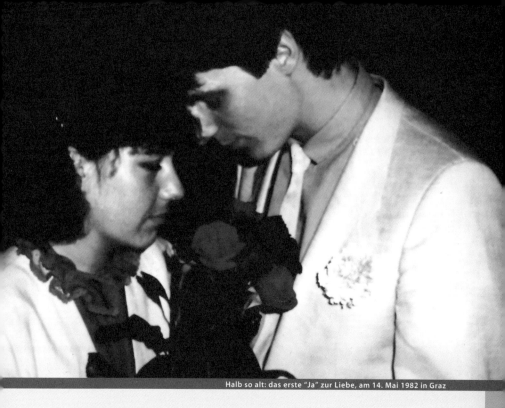

Halb so alt: das erste "Ja" zur Liebe, am 14. Mai 1982 in Graz

nach meinem letzten Text, den ich auf einem Stopover auf einer thailändischen Insel im Südchinesischen Meer geschrieben habe?

Ist das eigentlich noch eine Fortsetzung, nach eineinhalb Jahrzehnten? Können Sie einfach so anknüpfen, als ob Sie meine ersten 35 Lebensjahre tatsächlich erinnern, heute, wo ich die 50er-Grenze überschritten habe und den Großteil dieser Jahre eben fern von jenem Ort, der mich hervorgebracht hat, in einer Welt, die mir nie zu groß gewesen ist, erlebt habe, seit ich hinausgegangen bin und diese Weltkarte von oben bis unten, von Ost nach West für meine Reiseplanung, eigentlich für meine spontane Unplanung herangezogen habe?

Die Frage ist zu lang.

Damals waren meine Sätze noch kürzer.

Mit Petra am Nordkap, dem nördlichsten Punkt Europas

37. Kapitel

MITTE 30|17

Nein, ich werde nichts schreiben über New York oder Brasilia, die Karibik oder Hawaii. Schauen Sie sich das selbst einmal an. Machen Sie sich Ihr eigenes Bild. Ich habe schon öfters Bekannte enttäuscht, mit meinen "Calcutta ist großartig"-Reden, und musste mir danach anhören: "Das ist aber eine schmutzige Stadt!"

Apropos Bilder: Vor einem Jahrzehnt habe ich mich noch mit zwei Kamera-Gehäusen, einem halben Dutzend Objektiven und allerlei Zubehör

abgeschleppt – seit einigen Jahren fotografiere ich nur mehr mit einer Kompaktkamera, frei von all diesem Abbildungs-Ballast. Dafür sehe ich immer häufiger *Nikon*- und *Olympus*-Kameras von den Schultern der Thais baumeln, mindestens ein 300er-Zoom-Tele daran.

Times are changing.

And say 'cheese'!

Worüber sich vielleicht zu schreiben lohnen würde, sind die Veränderungen: jene, die man selbst vollzieht – und jene, die zu beobachten sind: Bangkok anfangs der 80er Jahre und Bangkok in den 90ern, oder Bombay, oder Singapur. Dort ist kein alter Stein auf dem anderen geblieben. Sogar das berühmte *Raffles* ist unter die Bauhämmer geraten, mitsamt der Somerset Maugham-Romantik. Die kleine chinesische Pension, in der ich früher abgestiegen bin, gibt's auch nicht mehr. In dieser Straße kratzt nun Glas und Metall an den Wolken. Waren Sie vor 10 Jahren in Singapur oder Hong Kong? Nein? Sie würden es kaum wiedererkennen.

"Guggi" mit Mutti (1910–2009)

38. Kapitel

50 PLUS|2

Mitte 30 habe ich noch auf der Schreibmaschine getippt, auf einer *Remington*-Reiseschreibmaschine. Verrückt, so etwas herumzuschleppen. Jetzt habe ich leicht reden, wo ein schickes kleines MacBook diese Aufgabe übernommen hat. Und ein WLAN findet man heute schon fast so häufig wie eine Steckdose – vorausgesetzt, man nimmt vorausblickend den richtigen Stecker oder Konverter mit, es gibt schließlich weltweit mehr als ein Dutzend Standards für Steckdosen. Indien und Sri Lanka haben zumindest dieselben

Stecker, auch wenn es einem westlich ausgebildeten Elektriker sicher graust, wenn er sich die Kabel genauer anschaut. Aber ich bin ja keiner – und solange der Stecker irgendwie Kontakt hat und das Ladegerät versorgt, stören mich keine harmlosen Kabelbrände, zumindest nicht im Großen und Ganzen.

Im Großen und Ganzen. Wie leicht sich das schreibt. Aber erkennen wir eigentlich das Große und das Ganze? Das, was wirklich wichtig ist?

"God bless America", Los Angeles: die USA sind nicht nach meinem Geschmack

39. Kapitel

MITTE 30|18

Ich lese Steinbecks *The Grapes of Wrath* (*Die Früchte des Zorns*) und denke dabei an jene Menschen, die tausende Meilen nach Kalifornien reisen mussten, weil man sie mit der industriellen Revolution um ihre bäuerliche Heimat gebracht hat. Heimat waren ihnen staubige Baumwollfelder und karges Brot unter einfachsten Lebensbedingungen, bis den Banken all das Land gehörte und sie fort mussten, in den Westen. Australische Aborigines konnten das nicht verstehen, wie die Weißen nur Land besitzen wollten, wo es

doch allen Menschen ohnedies gehörte. Heimat war gerade dort, wo Wasser im *Billabong* war und etwas Getier zur Jagd. Nomaden der Steinzeit – auch heute, in diesem Jahrhundert, gibt es wieder Nomaden: Ich bin einer davon. Heimatlose, Entwurzelte. Ich brauche kein Land zu besitzen, weil mir ohnedies die Welt gehört, und niemand kann es in den Tod mitnehmen. Sehr vereinfacht, das Ganze, aber es kommt schon hin. Ein Nomade des ausgehenden zwanzigsten Jahrhunderts, der die Rücken der Pferde durch enge Sitzreihen in großen silbernen Vögeln ersetzt hat, die mit viel Lärm über unsere Dächer und mit schädlichen Abgasen aus Rolls-Royce-Triebwerken rund um unsere Welt fliegen.

Steirische Weihnachtsgrüße aus Perth, Westaustralien

40. Kapitel

50 PLUS|3

Es ist Weihnachten. Um diese Jahreszeit war ich seit über zwanzig Jahren nicht mehr in einem kalten weißen Winter. Die überlasse ich der nördlichen Hemisphäre.

Ich habe mich an Weihnachten am Strand gewöhnt. X-mas in Sri Lanka ist da keine Ausnahme.

Das Hotel bemüht sich, den Gästen eine Freude zu machen, und hat eine große Krippe aufgestellt, mit vielen bunten Protagonisten der Weihnachts-

Die Welt ist voller Wunder: Devil's Marbles, Südaustralien

geschichte, und lädt auch noch auf *Christmas Carols* ein. Ich bin ganz gerührt von der wohl eher begeisterten als professionellen Darbietung der Insulaner.

Von 35 bis 40 verlebte ich ganz normale Jahre in Australien, viel Arbeit in meiner *One Man Band* als Web Designer, privat das Leben eines Liebhabers ohne festen Wohnsitz. Familie könne man ja immer noch mit 40 gründen, dachte ich mir. Und Schmetterlinge gab es ausreichend. Man musste sie nur fangen. Darin war ich wohl ein Naturtalent. Wie schon in den Jahren davor, habe ich auch noch ein, zwei Mal *Outback Adventures* ins Rote Zentrum geführt, bin mit dem *Landcruiser 4WD* noch einmal alle Abenteuerstrecken abgefahren, bis ich dann genug vom rauen Leben hatte und das *Crocodile Dundee*-Leben den Jüngeren überließ.

Flug über die Flinders Ranges, Südaustralien

41. Kapitel

MITTE 30|19

Im Grunde liebe ich das einfache Leben. Letztes Jahr habe ich Monate im australischen *Outback* verbracht, den Himmel als Zelt in den Nächten am Dach des *Landcruisers*. Dennoch: einige Dinge des technischen Zeitalters brauche ich einfach: Macintosh-Computer, Anrufbeantworter, Kopiergeräte, Faxmaschinen. (Anmerkung: Das war 1991, heute sind die drei letztgenannten Geräte längst durch Mobiltelefone und Scanner ersetzt.)

Abenteuer im trockenen Flussbett des Finke River, Northern Territory

Was noch? Einen Kühlschrank vielleicht (es geht nichts über ein kühles Bier im Schatten eines *Gumtrees*). Das habe ich davon. Jetzt denke ich an ein eiskaltes Bier und schwitze über der Schreibmaschine und es ist weit und breit keines zu haben. Da hab ich mir schön was eingebrockt.

Ich gehe schwimmen. Das kühlt auch. Mein Körper bekommt langsam wieder eine goldbraune Tönung. Zwar komme ich geradewegs aus dem Sommer der südlichen Hemisphäre, bin aber dabei ziemlich blass geblieben. Ein einziges Mal am Strand in Sydney, zu Ostern *Bushwalking* in den *Blue Mountains* und zwei, drei Mal Segeln und etwas Gartenarbeit. Die meiste Zeit war ich in den kühlen vier Wänden des Hauses an der *Northshore* zum Arbeiten. Zwei weitere australische Bücher sind in Vorbereitung: experimentelle Texte (die ich auch mitübersetze) und ein umfangreicher Band mit Gedichten, diese wird kaum einer kaufen, das kenne ich schon – und Geld ist auch kaum da.

Dennoch wartet in Wien Buchproduktion auf mich.

Meine Medienkampagne für Freikörper- und Saunakultur in Sydney

42. Kapitel

50 PLUS|4

Am Morgen ist es meist etwas wolkig, aber sehr heiß, da die Sonne immer wieder durchkommt. Der ortsübliche Monsunregen hält sich meist bis gegen Abend zurück und überlässt den Badenden einem wunderschönen und im Vergleich zur indischen Küste überraschend sauberen Ozean zum Spiel mit den kräftigen Wellen. Die einheimischen Surfer sehen mit ihren Rastahaaren aus wie die weißen Hippies von anno dazumal. Die Händler versuchen, einen immer noch über den Tisch zu ziehen. Aber ich kaufe weder Stangen von

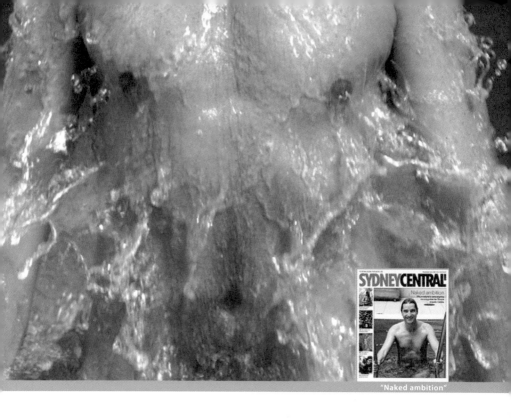

"Naked ambition"

Zigaretten (ich rauche schon lange nicht mehr) noch Sarongs oder Kokos-
nüsse. Ich genieße das Meer und die langen Spaziergänge am endlos
scheinenden Sandstrand. Auch wenn Regen gefallen ist, gehe ich dennoch
wieder schwimmen.

Das Wasser hat eine angenehme Temperatur. Touristen sieht man jetzt
keine mehr im Wasser, aber die Einheimischen haben denselben Spaß im
Regen wie ich.

Mit 40 waren plötzlich all diese Frauen um mich herum, deren biologische
Uhr tickte. Aber ich fühlte mich nicht bereit für Kinder, lebte lieber mit einer
feurigen Kolumbianerin, die schon zwei Teenager-Töchter hatte. Ich genoss
das Leben, fühlte mich daneben aber zu hölzern, um Salsa geschmeidig mit ihr
zu tanzen. Ich dachte, über 40 wird man eben alt. Ich wollte es ruhiger haben
und kaufte mir eine Wohnung in der City of Sydney – und ging dann mit einer
Portugiesin aus, die nur eine studierende Tochter an der University of
Queensland hatte. Das war weit weg. Aber irgendetwas stimmte nicht.

43. Kapitel

MITTE 30|20

Lange Zeit habe ich mich vom Wasser treiben lassen, bin ohne mich zu bewegen im Türkisblau gelegen, Augen geschlossen. Dabei habe ich vergessen können, dass Geld diese Welt bewegt. Alles nicht so wichtig, solange die Natur in Ordnung ist. Im Busch habe ich einen Aborigine gefragt, warum das Wetter so komische Sachen macht. Darauf hat er nur gemeint: Ihr *Whitefellers* müsst das eigentlich wissen. Ihr macht ja das Klima kaputt. Darauf folgte nur betroffenes Schweigen. Wir machen ja wirklich die Natur kaputt. Jeder auf der

Unterwegs nach Darwin, aber nicht auf dem Stuart Highway

Welt trägt sein Scherflein dazu bei. Jeder. Auch in diesem Paradies. Sie müssten nur einmal hinter die Hütten sehen. Der Dschungel deckt nicht alles gleich zu.

Hier hat ein langsamer, sanfter Regen eingesetzt. Ich bin zurück an Land geschwommen und habe mich nackt auf eine Matte gelegt. Die Tropfen haben mir das Salz vom Körper geleckt, jeden einzelnen habe ich auf der Haut gespürt. Die heiße Erde hat zu dampfen begonnen. Das Blau des Himmels ist einem dunklen Grau gewichen, der Horizont setzt sich schärfer ab. Das Meer ist dunkler und unscharfer geworden. Die Tropfen tanzen und springen von der unruhigen Oberfläche zurück. Ich beobachte, dass die meisten Badenden in ihre Hütten flüchten. Auch ich gehe nun unter mein Dach auf der Veranda – und während ich auf der Schreibmaschine klappere, nimmt der Regen ebenso langsam wieder ab, wie er gekommen ist.

44. Kapitel

50 PLUS|5

Mit der Bahn durch Ceylon fahren – dabei hat sich in 30 Jahren nichts geändert, sogar die hoffnungslos überfüllten Zuggarnituren scheinen noch immer dieselben zu sein. Nur die Passagiere haben jetzt fast alle Mobiltelefone und nützen sie auch. Draußen zieht Ceylon wie ein grüner Film vorbei: Bananenstauden, Kokospalmen, Hütten, Buddhastatuen, Mangroven, Strände, Autos auf den parallelen Straßen, viel mehr als damals. Und all das bei recht langsamer Geschwindigkeit, damit die schüttelnden und hüpfenden Waggons

nicht aus den krummen Geleisen springen. Damals hatten wir einen Zwischenfall, irgendwo nördlich von Kandy. Auf offener Strecke gab es einen plötzlichen Halt. Ein Aufschrei breitete sich durch den langen eisernen Wurm fort: ein Unfall! Ich habe damals nichts Genaues erfahren können, ein Mensch soll getötet worden sein, hieß es, aber nach einigem Warten ging die Fahrt dann plötzlich weiter.

Diesmal verlief die Reise völlig ereignislos.

45. Kapitel

MITTE 30|21

Meine Ex-Frau ist Schriftstellerin, eine richtige. Das wissen Sie wahrscheinlich ohnedies. Ihr drittes Buch wird dieses Jahr erscheinen. Einmal waren auch wir gemeinsam hier auf dieser Insel, vor vielen Jahren. Die Hütte, die wir damals gemietet hatten, steht immer noch. Später habe ich sie einmal mit einer Australierin geteilt.

Mit der hatte ich keine Affäre, auch nicht, als ich sie später einmal in Melbourne wieder getroffen habe. Auch das gibt es.

Nettes Mädchen, aber warum erwähne ich das? Meine Ex-Frau hat über diese Insel nichts geschrieben, soweit ich weiß.

Den Abend habe ich in französisch-amerikanischer Gesellschaft verbracht, Tintenfisch gegessen und Cola getrunken. Währenddessen wurden Reiseerfahrungen ausgetauscht, die Unterschiede beim Überqueren einer Straße in Tokio, New York und Wien zum Beispiel (sehr aufschlussreich das Ganze, und unterhaltsam). Zwar sind dabei keine weltbewegenden Erkenntnisse herausgekommen, aber ein netter Abend. Später wollten wir noch Karten spielen, waren aber zu faul, um sie aus der Hütte zu holen. Morgen esse ich im Restaurant in der benachbarten Bucht. Dort ist das Menü umfangreicher. Und außerdem gibt's neue Gesichter. Noch was: Heute ist Vollmond. (Vor Jahren habe ich an dieser Stelle eine völlige Mondfinsternis miterleben dürfen, wahrlich ein Ereignis.) Aber auch das beflügelt mich diesmal nicht sonderlich. Eine Lethargie hat sich breitgemacht. Ich genieße es, völlig abzuschalten und ruhig zu werden, zufrieden mit mir selbst.

46. Kapitel

50 PLUS|6

Es bereitet mir Vergnügen, Ihnen wieder zu schreiben, liebe Leserin, lieber Leser. Zu lange habe ich mich schon in meine Taucherglocke zurückgezogen, nachdem mein Hausarzt meine Krankheit vermutet und die Neurologen sie bestätigt hatten. Es ist nicht zu ändern und auch nicht mehr zu übersehen, dass ich wie der amerikanische Schauspieler Michael J. Fox und der 2006 verstorbene Salzburger Schriftsteller Gerhard Amanshauser (Film: *Reisen im eigenen Zimmer*) die Parkinsonsche Krankheit habe – eine chronische und

Fröhliche Kinder in Rajasthan

progrediente Verlangsamung, eine Bremse, die sich nicht mehr lösen, die meinen Körper wie einen Motor auf nur drei Zylindern laufen lässt – eine Krankheit, die sich mir starr ins Gesicht schreibt, die meine Bewegungen zunehmend mühsam, hölzern und steif macht. Aber ich kann es nicht ändern.

Neujahr habe ich in Rajasthan verbracht. Es war eine Flugreise ins Blaue, vier Stunden von Chennai in den Norden über Hyderabad nach Jaipur, weitere drei mit dem Wagen nach Kishangarh in den Palast des ehemaligen Maharadschas. Keine schlechte Überraschung. Welchen Reichtum diese Herrscher besaßen! In einem solchen Schloss könnte ich mir auch vorstellen zu leben, umsorgt und verwöhnt von den Maharanis und dreihundert Bediensteten. Sogar für uns spielten und sangen die Musiker zum Abendessen in der Halle.

Aber wir leben im 21. Jahrhundert. Aufwachen, Gerald!

Das mag ich: Literatur, Fotografie, Filme wie "Religulous"

47. Kapitel

MITTE 30|22

    Wir schreiben das Jahr 2534. Nein, keine Angst, ich versuche mich nicht plötzlich in *Science Fiction*. Ich füge diese Tatsache nur ein, weil ich mich über die katholisch-weiße Großkotzigkeit ärgere, die Jahresrechnung mit der fiktiven Geburt Christi zu beginnen. Ich will auch nicht sagen, dass der buddhistische Kalender mehr Berechtigung hat, es ist nur, dass er von großen Teilen der Welt gar nicht wahrgenommen wird. Wenn mich ein Beamter in Mitteleuropa nach meinem Geburtsjahr fragt und meine Antwort lautet: 2501,

... und Musik: Airbourne am "Big Day Out"-Rockfestival in Perth, Westaustralien

lässt er mich glatt in die Klapsmühle einweisen. Wenn es nicht so verdammt viel Arbeit wäre, Millionen Geschichtsbücher, Lexika und Milliarden Dokumente umzuschreiben, würde ich darauf bestehen, wir alle sollten wieder mit Null beginnen – nach der kommenden Apokalypse wäre Gelegenheit dazu – mit einem Jahr, in dem endlich alle Menschen erkannt haben, dass wir nur auf einem Planeten, dem Raumschiff Erde, gemeinsam leben, dessen Ressourcen und Lebensraum wir gemeinsam verwalten, erhalten und redlich teilen müssen.

48. Kapitel

50 PLUS|7

1200 Worte stehen nun in diesem Abschnitt meines Textes, der zugleich ein Abschnitt meines Lebens ist. Wie praktisch doch ein Laptop ist. Ich habe mir in Sri Lanka überlegt, auch den Text des zwanzigjährigen Frei, der als Kopie irgendwo in meiner Wohnung in Graz liegt, einzuflechten. Dessen Original befindet sich im Franz-Nabl-Institut für Literaturforschung, wo es auf Germanistikstudenten wartet, die meinen Vorlass in ihrer Dissertation aufarbeiten werden. Vielleicht finde ich ihn und kann ihn einscannen,

abschreiben wäre mir zu mühsam. Dann werden es drei Teile: Der Erzähler mit 20, 35 und 50 Lebensjahren. Das wäre sicher auch interessant für Sie zu lesen.

Seit einem Jahr twittere ich über Gott und die Welt. Also weniger über Gott selbst als gegen ihn, da es ja keinen gibt. Jeder ist auf Twitter. Jeder, der etwas zu sagen hat, genauso wie jeder, der nichts zu sagen hat. 310 Tweets habe ich bereits in den virtuellen Raum gestellt, wie zum Beispiel *"Life is beautiful – Das Leben ist schön! 11:34 AM Nov 21st, 2009 from web"* aus einer Laune heraus, oder *"Changing planes at Frankfurt Airport is much nicer with a Lufthansa or Austrian Airlines Miles & More Senator card. You feel like a VIP. #lp 4:21 PM Aug 4th, 2009 from web"*, oder *"A poem by Peter Rosegger, mit Grüßen aus der Steiermark! #austriansabroad 5:00 AM Jul 13th, 2009 from Blip.fm"*. Und *"I love Austria! Skinny-dipping (FKK) in public outdoor aquatic centres. Unthinkable in Australia. #freebeach 6:17 PM Jul 23rd, 2009 from web"*.

49. Kapitel

MITTE 30|23

Es gibt viele Arten des Reisens. Hat man einmal damit begonnen, begegnet man jeder einzelnen und legt sich aus dieser Summe an Eindrücken seine eigene Methode zurecht. Der Beginner hat immer zwei, drei kluge Handbücher in der Tasche. *Southeast-Asia on a Shoe-String,* oder Ähnliches, komischerweise von einem Verlag, der sich *Lonely Planet* nennt. So einsam ist unser Planet aber nirgends mehr. Speziell entlang dieser eingestampften Trampelpfade ist man unter sich, in allen Rucksäcken dieselben Handbücher, dieselben Empfehlungen. Eine kleine Welt umgibt einen: ein Kanadier, eine Deutsche, das Paar aus England – sie alle haben das Buch gelesen: *How to get there and where to stay*. Nach einigen Jahren wirft man diese Bücher über Bord und verliert sich wieder im Unerforschten – auf eigene Faust.

Dann entdeckt man die Welt, wie sie ist – und zückt auch einmal seine Master Card, um einen Tag Luxus zu genießen: ein heißes Bad, den Kühlschrank im klimatisierten Zimmer, einen Pool vorm Haus oder am Dach (nach Monaten billiger Absteigen mit *Cockroaches* und stinkenden Toiletten eine feine Sache). Dort trifft man dann eine andere Spezies Reisender: jene, die den abenteuerlichen Teil der Welt gar nicht kennen (die Angst vor Unvorhersehbarem haben), die vom Airport abgeholt und ohne Umwege in die Sicherheit solcher Hotels verfrachtet werden. Anfangs bedauert man die Neckermann-Reisephilosophie: Die sehen doch nichts als die Scheinwelt der Touristen-Resorts. Die wissen gar nicht, dass ein paar Kilometer hinter den weiß gestrichenen Mauern Elend ist und Hunger und Krankheit. Die sind alle gegen alles geimpft – und was vom Urlaub übrigbleibt, daheim, sind die Gespräche über das Essen und das Bier und die Bilder vom Papa mit rosa Bäuchlein. Man kann es sich eben leisten, statt an die Adria nun in die Karibik zu jetten. An der Mentalität ändert sich dadurch nichts. Man besucht einschlägige Massagesalons und prahlt daheim am Stammtisch (natürlich wenn die Gattin außer Hörweite ist), wie man es diesen exotischen Schlampen besorgt hat.

Dr. Gerschlager und ich, die Vernetzer der österreichischen Parkinson-Selbsthilfe

50. Kapitel

50 PLUS|8

Ich stehe ganz offen zu meiner Krankheit. *I retired from the rat race in 2007 due to Parkinson's disease, and now assist non-profit organizations only. Born in Austria, I live in multicultural Australia,* steht auf der Startseite meiner Homepage. Ich habe 2009 auch für meinen Freund und Neurologen Willi Gerschlager einen Beitrag für sein Buch *Parkinson. Ursachen, Diagnose, Verlauf und Therapieoptionen.* geschrieben, der mit einem netten Foto von mir publiziert wurde.

Ein Bier im Pub mit meiner Parkinson-Selbsthilfegruppe in der City of Sydney

Darüber hinaus bin ich auch der Dienstälteste (und mit meinen Beiträgen auch der aktivste Teilnehmer) im Forum der Parkinsonberatung in Kooperation mit meiner Parkinson-Selbsthilfegruppe Parkins(on)line. In Australien bin ich *Lifelong Member* der *Parkinson's NSW* sowie Begründer und Leiter der Ultimo-Selbsthilfegruppe in der City of Sydney.

Nach anfänglicher Verweigerung in den ersten ein, zwei Jahren nach der Diagnose habe ich diesen Abschnitt meines Lebens nun zur Kenntnis nehmen müssen. Was man nicht ändern kann, muss man letztendlich akzeptieren.

Steuermann in den Whitsunday Islands

51. Kapitel

MITTE 30|24

Eine andere extreme Spezies sind die Mini-Budget-Traveller, die Überleber. Die schaffen es, sich mit 50 US-Dollar im Monat durch Indien zu schnorren – und sind auch noch stolz darauf, dass sie es so weit geschafft haben. Dass sie dabei meist ärmere Mitmenschen ausbeuten, die nicht die Sicherheit von Konten in DM oder Schweizer Franken in der Heimat haben, stört sie kaum. Es ist ein Sport, Billiges noch billiger zu bekommen, Einladungen schamlos zu verlängern und notfalls sogar Mitreisende

anzubetteln. Und im Kaffeehaus beschämen sie die Sechs-Wochen-Reisenden mit einem nonchalanten "Ich bin ja schon sechs Monate unterwegs."

Die schönste Art zu reisen ist aber ein steter Wechsel: Arbeit und Faulenzen, pleite sein und Luxus haben, rasch wechselnde Aufenthalte und lange Perioden, Einheimische kennenlernen und immer irgendwo auch eine Zeitlang leben. Dort Miete zahlen, im Supermarkt einkaufen, einen kleinen Haushalt führen, nicht immer nur in Restaurants essen gehen, sondern selbst kochen wie jene Leute, die dort leben. So lernt man sie kennen, so lernt man sich kennen. Ich habe es nicht immer so gehalten, oft war ich ruhelos unterwegs. Ich habe es aber gelernt, erfahren, selbst erfahren. Und es war gut. Mit dreiundzwanzig war ich auf dem richtigen Weg. Und ich habe weiter an mir gearbeitet, mich geöffnet – das Fremde nicht zu einer bloßen Attraktion werden lassen, sondern all die Mosaiksteine zu einem Ganzen zusammengebaut: unserem blauen Planeten.

In der Leprakolonie Bharatapuram habe ich mir dieses Bild von Y. Uma gekauft

52. Kapitel

50 PLUS|9

Chennai in Tamil Nadu ist mein gegenwärtiger Lebensmittelpunkt, nicht ganz freiwillig, aber auch nicht ungern, da ich ja schon vor dreißig Jahren Indien einigermaßen spannend gefunden habe und daher ohne Zögern meiner Freundin hierher gefolgt bin. Diese Millionenstadt kenne ich nun in all ihren Jahreszeiten, die schwüle stickige Luft, das endlose Hupkonzert in den überfüllten Straßen, die Gerüche, die Farben, die kontrastierenden Menschen. Chennai liegt genau zwischen Sydney und Graz, ist aber kein eigentlicher

Mit Freunden aus Sydney zum Lunch im Strandcafé "The Naked Fig" in Perth

Stopover, sondern etwas abseits der gängigen Flugverbindungen. Ich muss also von Singapur oder Bangkok herüberfliegen. Letztes Jahr war ich viermal hier. Wenn ich alles zusammenrechne, habe ich in diesem Jahr ziemlich genau jeweils vier Monate in Indien, in Österreich und in Australien gelebt. Das nennt man dann wohl globales Pendeln – oder wie schon im Mitte-30-Text festgehalten – immer noch einen Liebhaber ohne festen Wohnsitz.

Der gefährliche Aufstieg auf den Gunung Merapi II, Java

53. Kapitel

MITTE 30|25

Sehen Sie, jetzt werde ich schon wieder schwärmerisch (oder kitschig?). Dabei ist das ja alles ein Schmarrn, blauer Planet und so nach dem *Exxon-Oilspill* und den jüngsten Katastrophen im Mittelmeer. Wir versauen diesen blauen Planeten zusehends. Und wenn es auch nur das Silberpapier einer Zigarettenpackung ist, das man achtlos fallen lässt. Gehen Sie ins Hinterland dieser Insel, wenn Sie gelegentlich hierherkommen. Es ist eine einzige Müllkippe. Man wartet, dass der Dschungel darüber wächst und die Schweinerei

Blick vom Kraterrand des aktiven Vulkans aus ca. 3.000 Metern Höhe

abdeckt. Bloß: Abdecken ist nicht aus der Welt Schaffen. Aber im Abdecken sind sie gut, die Menschen, im Makeup-Auflegen. Was man nicht sieht, ist nicht da. Zu begreifen, dass es über die Luft und das Wasser und die Nahrung wieder in unsere Körper zurückkommt, erfordert abstraktes Vorstellungsvermögen. Und damit ist's offenbar schlecht bestellt.

Eine Woche bin ich nun hier auf der Insel und gerade so lange habe ich auch gebraucht, um richtig auszuspannen, mich zu entspannen. Jetzt werde ich nicht mehr viel aufschreiben, werde die kommende Woche einfach nur am Strand und im Meer und in der Hütte sein, Bücher zu Ende lesen und dabei vielleicht an die Bücher denken, die ich noch vor mir habe. Heute habe ich hunderte Seiten Steinbeck gelesen, so etwas kann ich im normalen Leben gar nicht. Es hat auch eine Woche gedauert, bis ich mich so richtig eingelesen hatte. Und wie entspannt ich bin! Die Sonne geht gerade unter, als ich diesen Absatz tippe, und ich fühle guten Appetit in mir wachsen auf ein Dinner am Strand. Jetzt wird's Zeit, den Urlaub zu beginnen.

Ashram Pooja: traditionelles Ritual und anschließende Bewirtung

54. Kapitel

50 PLUS|10

Meine Schwester Linda hatte mir zum 18. Geburtstag ein Buch über Yoga geschenkt. Sie ist mit 16 Jahren Altersunterschied noch die Jüngere von meinen wesentlich älteren Geschwistern, einem Halbbruder und zwei Schwestern. Damals bin ich über einige körperliche Verrenkungen und die Nasendusche *Neti* nie bis zum Lotussitz vorangekommen. Hier in Indien habe ich mir den Luxus eines Privatlehrers gegönnt. Ajit, der Guru, kam zweimal die Woche morgens ins Haus und versuchte redlich, mir Atemübungen

Theoretisch rund um die Uhr standby, schlafen die Fahrer bei jeder Gelegenheit

beizubringen, die Muskeln zu dehnen und anschließend zu relaxen. Nach einem Monat hatte ich zwar die Vorzüge von Yoga erkannt, war aber so weit davon entfernt, die Übungen selbstständig durchzuführen, dass ich es wieder völlig aufgegeben habe. Es täte vielleicht gut, passt aber nicht in meine Welt.

Arul, der Fahrer, hat Hoffnungen, dass ich ihm eine Arbeitsgenehmigung in Australien verschaffen kann, und zeigt mir stolz seinen nagelneuen ersten Pass und seinen indischen LKW-Führerschein. Er ist überzeugt, dass der weiße "Sir" viel Geld und Macht hat und das Leben anderswo besser sei. Es ist schwierig, ihm in sehr einfachem Englisch die Wahrheit zu vermitteln, dass indische Einwanderer ohne besondere Ausbildung null Chancen hätten, sich in Australien niederzulassen. Ich will dennoch im Internet recherchieren, ob es nicht Länder gibt, wo er seinen Traum verwirklichen könnte. Sein Onkel hat es in Singapur geschafft. Arul ist ein ganz netter, ehrlicher Kerl und tatsächlich ein guter Fahrer.

King's Beach, Byron Bay, östlichster Punkt Australiens

55. Kapitel

MITTE 30|26

Urlaub: ein komisches Wort. Ich erinnere eine Geschichte der *Pichelsteiner*, Comics einer Sippe aus der Steinzeit, die ich als Kind gerne gelesen habe. Die sind einmal ausgezogen, das Ur-Laub zu suchen, das ihnen vom weisen Guru gegen den Alltagsstress verschrieben wurde. Dabei haben sie so viel Spaß gehabt, waren so relaxed, dass sie diese Art des Verreisens Urlaub nannten. Ur-Laub zu finden ist heutzutage nicht mehr so einfach. Zu viele Menschen strömen überallhin aus, um es zu suchen. Gelingen tut's den wenigsten. Aber man ist halt bestrebt, die Suche nicht so schnell aufzugeben. Irgendwo muss es doch noch Ur-Laub geben!

Ur-Laub. Das wär's. Seit Jahrtausenden suchen wir danach, wie nach dem Stein der Weisen, oder nach der Rezeptur der Alchimisten, wie Gold herzustellen sei – oder nach dem unendlichen Leben oder was halt sonst gerade erstrebenswert scheint, in Mode ist: Sonnenbräune oder noble Blässe, Shirts aus Seide oder Hawaii-Hemden, Elfenbein aus Afrika oder Hänge-matten aus Mexiko. Immer aber versuchen wir, etwas Ur-Laub aus dem Urlaub mitzubringen, um ihn daheim zu verlängern, festzuhalten, daran erinnert zu werden. Die gebräunte Haut wird schnell blasser, auch Hawaii-Hemden halten nicht ewig und sogar die Hängematte aus Mexiko reißt nach Jahren irgendwo ein und kann nicht mehr geflickt werden. Dann ist es wieder an der Zeit, neues Ur-Laub heimzuschleppen und immer wieder, immer wieder.

So schließt sich der Kreis. Ur-Laub wird heimgebracht und verwelkt und neues wird geholt. Manchmal nur alle zwei Jahre ein paar Wochen Suche, für manch andere wie für mich eine Lebensaufgabe. Beruf: Selbstständiger Ur-Laub-Sucher. Niemand muss mir den Auftrag erteilen, in die Welt zu gehen, um Ur-Laub zu suchen. Es zieht mich ganz von selbst. *Itchy feet.* Und dann hat man diese Krankheit Reisefieber, man wird sie nie mehr los und passt sich ihr an. Man stellt sein Leben und seinen Beruf und seine Beziehungen auf diese Krankheit ein.

Eine Reise zu sein wird ein Leben.

Ich habe ihn nicht gewähl...

56. Kapitel

HALBE ÖSTERREICHER

Jeder redet über die Ausländer im Inland. Dann wird uns in der Werbung die Frage gestellt: Was sind halbe Österreicher? Doppelstaatsbürger? Eine japanische Automarke? Und meine Antwort ist, dass die eigentlich uns meinen, die Inländer im Ausland.

Seitenblicke, Taiwan:

Eine fesche Österreicherin bekennt vor laufender Kamera strahlend, sie habe erst im Ausland bemerkt, was für eine Patriotin sie sei.

Wir Österreicher, die wir nur zu gern – und nicht erst seit Thomas Bernhard – unser Nest beschmutzen, wir werden erst zu richtigen Österreichern, wenn wir anderswo sind. Von uns gibt's eine halbe Million, ein zehntes Bundesland. Wir leben in New York oder Sydney oder Berlin. Wir sind die halben Österreicher. Oder gar die doppelten?

Unser Leben scheint aufregend zu sein. Nach einigen Jahren durch den Zufall der Geburt in diesem Land der Berge und Dome wenden wir uns ab, werden abtrünnig, gehen unseren Geschäften anderswo nach, sammeln mehr Flugmeilen als ein Fernfahrer. Der australische Botschafter stellt in Wien mein neues Buch vor, der österreichische Botschafter ruft mich in Sydney an, um mit mir fein essen zu gehen. Und natürlich lädt er mich zum 26. Oktober nach Canberra ein, *to celebrate the (Austrian) National Day*. So etwas wäre mir nie passiert, wäre ich zuhause geblieben. Die Frage bleibt trotzdem: halbiert oder verdoppelt?

Eins steht fest: Immer mehr Menschen ziehen ihre Wurzeln aus dem Heimatboden, werden zu Nomaden. Denn anderswo gräbt man sich nicht mehr so fest, das Reisen wird zu einem Teil des Lebens. Anderswo ist es leichter, Österreicher zu sein: Die Fragen nach Waldheim sind längst rückgängig, und *The Sound of Music* ist nicht so verfänglich. *Mozartkugeln* oder die *Wiener Sängerknaben* lösen keine Identitätskrise aus. Dass die mittlerweile längst wieder vergessene "Grapsch-Affaire" auch im australischen *Sydney Morning Herald* getitelt hat: "Austrians grope for the rude facts", ist zwar peinlich, aber damit kann man leben.

Was einem zuhause auf den Geist ging, wird vergessen, ja sogar idealisiert. Dazu tragen auch die jeweiligen Ausländer bei: Wenn du in einer Stadt wie Wien gelebt hast, was tust du dann hier? *What am I doing here* wird zur zentralen Lebensfrage. Die Antwort lässt sich immer finden, wenn man wieder einmal zurück pendelt, dann weiß man, was man nicht hat. Dann fliegt man wieder weg und dort taucht die Frage wieder auf und so weiter und so fort.

Wir halben Österreicher sind demzufolge unglücklicher als die ganzen. Wir gehen fremd (metaphorisch), bewundern aber brave Menschen in intakten Familien – wir wissen tief in unseren Herzen, dass wir gar nicht anders leben wollen.

Wir sind auch ehrenamtliche Botschafter unseres Landes, Fremden-
verkehrsreferenten e.h. sozusagen. Wir schleppen unsere ausländischen
Freunde mit nach Österreich, schwärmen von den Bergen und der reinen Luft,
der kernkraftwerksfreien Umwelt, der sozialen Sicherheit – auch wenn unser
eigener Pensionsanspruch in Österreich lächerlich klein ist. Wir erzählen von
den Wiener Kaffeehäusern, die wir vermissen, vom Knowhow am Allradsektor,
wenn wir im Ausland einen *Mercedes G* sehen, der zumindest in Österreich
ein *Puch G* ist.

Allerdings sind wir auch Botschafter des Auslandes, denn natürlich
schwärme ich von Australien, schleppe Freunde nach Australien mit und habe
Heimweh, speziell bei diesem eiskalten Herbstwetter, wo doch der Frühling in
die südliche Hemisphäre einzieht. Ich fahre einen amerikanischen *Jeep
Cherokee*, weil die *Gs* zu teuer sind (aber die *Jeeps* zumindest bei *Magna* in
Graz zusammengebaut werden), höre *Midnight Oil* statt Rainhard Fendrich.
Und überhaupt sind mir die lockeren Umgangsformen der australischen
Gesellschaft viel lieber als die österreichische Titelmeierei.

Ein ganzer Ausländer im Inland, ein ganzer Inländer im Ausland, das
macht immer zwei. Es gibt also keine halben Österreicher, sondern höchstens
doppelte. *Quod erat demonstrandum.*

Nationalpark Koh Samed, Thailand

57. Kapitel

MITTE 30|27

Nun geht mein Papiervorrat zu Ende. Ich habe auch keine Lust mehr, den Urlaub zu vertippen. Buch ist es keines geworden, aber geschwätzt habe ich genug. Jetzt werde ich mich einfach den Vorzügen dieses Stückchens Erde hingeben – auf diesem Stopover.

Ich verlasse Sie jetzt. Was werden Sie tun?

Einmal will ich Sie noch beschwören:

Reisen Sie! Reisen Sie jetzt! Suchen auch Sie Ur-Laub!

Meine Reise ist noch nicht zu Ende

Und ich reinige die *Remington* sorgfältig, blase den Sand heraus, straffe das grau werdende Farbband und lasse ein letztes Mal den Deckel einschnappen. Ich packe sie in meinen Rucksack, und sie wird ihre Reise in Wien zu Ende geführt haben und bei ihrem Besitzer bleiben. Ich habe keinen Besitzer und meine Reise ist auch bestimmt noch lange nicht zu Ende.

58. Kapitel

50 PLUS|11

Lieber Leser, ich duze dich jetzt einfach: weil wir uns schon so lange kennen, weil wir uns vielleicht noch vertraut sind, wenn du dich an den ersten Teil meiner Reise, an meinen Stopover und an mein Innehalten erinnerst – und weil ich mir das Siezen in Australien völlig abgewöhnt habe. Vor 15 Jahren habe ich dich noch formell angesprochen. Jetzt sind wir per du, wenn du nichts dagegen hast. Hast du wahrscheinlich auch nicht, kannst du darüber hinaus auch gar nicht.

In einer E-Mail hätte ich jetzt ☺ (einen zwinkernden *Smiley*) getippt. Aber traditionelle Texte müssen ohne *Emoticons* auskommen. Wo kämen wir denn da hin!

Seit knapp drei Jahren bin ich Pensionist. Das "verdanke" ich meiner unheilbaren Krankheit. Seither bin ich ständig auf Achse, damit ich nur ja keinen guten Tag versäume. War ich früher schon ein- bis zweimal im Jahr in Europa, via USA oder Südostasien, so bin ich es nun jährlich zwei- bis viermal. Dabei hilft auch, dass ich Vorstandsmitglied des Auslandsösterreicher-Weltbundes bin und an mindestens zwei Vorstandssitzungen in Wien teilnehmen muss. In den Jahren davor hatte ich zweimal auch eine Sektion in internationalen Kongressen auszurichten, *Cyberspace – die Verbundenheit der Differenz: Kommunikation ohne Grenzen (TUAC 2003*, Austria Center) sowie *Virtuelle Gemeinschaften / Virtual Communities (IRICS 2005)*. Im selben Jahr, Ende 2005, äußerte mein langjähriger Hausarzt in Sydney seinen Verdacht auf Parkinson.

Margret Kreidl und Lucas Cejpek, im Mai 2005 zu Besuch, bemerkten erste Anzeichen der schleichenden Erkrankung

59. Kapitel

PARKINSON|1

Ich war immer lebensfroh, abenteuerlustig, kräftig, ausdauernd und kerngesund, viel unterwegs, selten länger an einem Ort. Steckbrief: 1958 in Graz geboren, dort auch studiert und kurz verheiratet, dann in Wien gelebt und mit 30 nach Australien ausgewandert.

1993 hatte ich ganz starke Schmerzen in meiner linken Schulter, sodass ich mich kaum mehr an- und ausziehen konnte. Ein Sportmediziner wollte gleich eine Ablagerung herausschaben, ein chinesischer Doktor hat mir eine Salbe verschrieben. Die Schmerzen gingen weg. Damals hatte ich nicht die leiseste Ahnung, dass dies ein Frühsymptom der *Parkinsonschen Krankheit* war.

Jetzt bin ich 50 und bereits im Ruhestand. Warum? Eigentlich bräuchte ich nur die letzten zehn Jahre meines digitalen Fotoalbums durchzublättern, um ganz genau mein Gesicht, meine Haltung sowie meine stete Gewichtszunahme zu beobachten. Daraus ließe sich rückblickend vieles erkennen ...

1998 schien die Welt noch in Ordnung. Ich war gerade zehn Jahre in Australien.

1999 war ich mit einer Kolumbianerin befreundet. Allerdings wollte mir *Salsa* nicht mehr so geschmeidig gelingen und ich stellte mich ein bisschen ungelenk und hölzern beim Tanz an, was sogar ihren Töchtern aufgefallen war.

Meine Erklärung war, dass ich eben doch kein *Latino* sei ...

2000 war ich viel auf Reisen, fühlte mich aber schneller erschöpft als sonst. Beruflich nahm meine Motivation auch langsam ab, ich arbeitete nur mehr wochentags und hielt zum beruflichen *Rat Race* etwas mehr Abstand.

Meine Erklärung war, dass in meinem Alter halt nicht mehr alles ginge ...

2001 erfreute ich mich an meiner neuen Stadtwohnung und dem Strand von *La Perouse*, ging viel mit Freunden in Sydney aus, jedoch wurden es kaum mehr lange Nächte und auch mit den Drinks war ich schon viel zurückhaltender.

Meine Erklärung war, dass man über 40 eben alt werde ...

2002 hatten wir viele unserer Wohnungseigentümerversammlungen im Fitnessraum, wo sich alle auf den Teppichboden setzten. Mir war das sehr unangenehm, denn ich konnte einfach nicht mehr so ohne weiteres längere Zeit ohne Verspannungen am Boden sitzen. Ich musste mich auf einen mitgebrachten Stuhl setzen.

Meine Erklärung war, dass das einfach unbequem sei ...

2003 war das Kulturhauptstadtjahr für Graz. Als gebürtiger Grazer hatte ich dazu natürlich auch einiges zu sagen und zu diesem Anlass eine *Gangway*-Sondernummer herausgegeben. Bei der Präsentation im *ESC* habe ich geschwitzt wie verrückt und ein befreundeter Autor hat gemeint, ich schaue ziemlich fertig aus.

Meine Erklärung waren der Jetlag und die Hitze in Graz ...

2004 war ich wieder in Graz zum 20-Jahres-Fest meines Literaturverlages. Die Moderation des Abends fiel mir nicht mehr so leicht wie in früheren Jahren, das Mikrofon sank immer tiefer und meine Stimme wurde leiser und undeutlicher, wie mir eine Bekannte im Publikum nach dem Abend im Vertrauen bekundete.

Da hatte ich keine Erklärungen mehr.

2005 vermutete mein Hausarzt erstmals die Parkinsonsche Krankheit, da ich ihm neben unruhigen Beinen beim Einschlafen auch von der Unleserlichkeit meiner Handschrift erzählt hatte. Ich wollte ihm erst gar nicht glauben und lieber einen unbemerkten Schlaganfall, ein Blutgerinnsel im Hirn oder was auch immer haben. Nur nicht diese Krankheit.

2006 hat mir ein Neurologe vom *Royal Prince Alfred Hospital* dann trocken ins Gesicht gesagt: "Du hast ein Idiopathisches Parkinson-Syndrom".

2007 konsultierte ich weitere Spezialisten und das gesamte Internet.

2008 habe ich mich mit meiner Verlangsamung arrangiert, bin in Pension gegangen und habe mich sogar irgendwie an die Krankheit gewöhnt.

"Clean Up Australia Day", Little Congwong Beach: Im Zuge unserer Medienkampagne für FKK wurde ich vom ABC Fernsehen für die Abendnachrichten nackt am Strand interviewed. An diesem Tag ahnte ich, dass irgendetwas mit mir nicht stimmte. Ich war nicht mehr mein gewohntes Ich, sondern seltsam nervös wie unter Stress und physisch rasch erschöpft. Das war 2005, das Jahr, in dem mein Hausarzt Parkinson vermutete.

Der R 10 musste in Istanbul mit Motorschaden in die Werkstatt

60. Kapitel

50 PLUS|12

Früher, als ich noch in Graz und Wien gelebt habe, war ich oft in Griechenland. Bereits im Alter von 16 Jahren bin ich mit meinem Jugendfreund Günter in den Süden getrampt, mit 18 dann in meinem ersten alten *Renault 10* gleich bis in die Türkei gefahren. Später habe ich mich dann immer wieder spontan ins Auto gesetzt und ab ging es nach Griechenland. Nach meiner Ehe habe ich sogar einige Zeit auf der Insel Kreta gelebt, in einem kleinen Dorf im Süden namens Pitsidia. Damals hatte ich den Zug und

Der Ssangyong Musso war zuverlässig, aber ich mag keine schwarzen Autos

die Fähre genommen, das Auto blieb daheim, das brauchte man dort nicht. Unlängst hat es mich wieder dorthin gezogen, zwar mit dem Flugzeug, aber ganz auf den Spuren meiner Jugend. Das Dorf hat sich in dem inzwischen vergangenen Vierteljahrhundert nicht so sehr verändert wie ich, dachte ich mir, und bin zwei Wochen lang täglich am inoffiziellen Nacktstrand von Komo in der Sonne gelegen, habe Bücher wie *Feuchtgebiete* von Charlotte Roche oder auch *Der Kretische Gast* von Klaus Modick gelesen, viel *Retsina* getrunken und immer sehr gut gegessen.

Unterwegs sein, eine Reise sein, das gilt für mich im großen wie im kleinen Maßstab. Kontinente zu überqueren macht nicht viel Sinn, wenn man sich dann keine Zeit nimmt, mit Erika im Waldviertel Schwammerl und Herrenpilze zu suchen, in Wien alte Freunde zu besuchen und nach Bregenz und Deutschlandsberg, in die Schweiz und nach Salzburg, nach Innsbruck und Kraubath an der Mur zu fahren – mit den *ÖBB* natürlich, denn Bahnreisen ist kurzweilig, wenn man sein MacBook mithat.

Gründungstreffen meiner neuen Selbsthilfegruppe in Graz

61. Kapitel

PARKINSON|2

Wie es mir dabei wirklich geht? Natürlich beschissen, da ich ein schnelles Leben im Besitz eines gesunden, gut aussehenden und präzise funktionierenden Körpers gewohnt war. Jetzt bringt mich jede kleine Tätigkeit ins Schwitzen und Keuchen. Nicht nur das, auch mein Kurzzeitgedächtnis scheint betroffen zu sein ...

Seit 2005 versuche ich, mit den Ärzten Therapien zu entwerfen. Ein erster Therapieversuch brachte so gut wie keine Erkenntnisse, ein Jahr später nochmals dasselbe Medikament auch nicht, das ist frustrierend. Ohne Tremor hat man leider keine wirklich vergleichbaren Messwerte. Anfang 2008 dann ein anderer Anlauf. Der Arzt dachte schon an *Parkinson Plus* (die schnelle und tödliche Version).

Seit einem halben Jahr nehme ich auf Anraten Dr. Gerschlagers dreimal täglich *Stalevo*. Die Nebenwirkungen sind erträglich, die Wirkungen aus eigener Sicht jedoch nicht wirklich objektiv abschätzbar. Zumindest meine Freunde meinen, ich schaue besser aus, auch wenn ich mich geschwächt fühle, wie auf drei Zylindern laufe und streckenweise wie ein welkes Blatt am Bett liege, aber was man nicht ändern kann, muss man einfach akzeptieren (wie ich schon mehrmals feststellte). Solange ich noch keine Hilfe brauche, geht alles – zwar langsamer, steifer, ungeschickter, aber es geht. Das ist schließlich ausschlaggebend.

Und bis es dann irgendwann nicht mehr geht, habe ich zur unbezahlten Arbeit im Verlag auch noch einige ehrenamtliche Aufgaben gesucht, wie zum Beispiel jene der Gründung und Organisation von Parkinson-Selbsthilfegruppen in Sydney und Graz sowie nicht zuletzt auch die Mitarbeit an Dr. Gerschlagers Parkinson-Forum.

Mit dem Quad Bike eine griechische Insel erkunden

62. Kapitel

50 PLUS|13

Die zweite Frau in meinem gegenwärtigen Leben ist Shanti, die Haushälterin. Wie die meisten Tamilen ohne das Privileg einer Schulbildung spricht sie nur gebrochenes "Indian English", ist aber überzeugt davon, dass es an meinem schlechten Englisch liegen muss, dass ich sie nur mühsam verstehe, wenn sie mir mit einem breiten Grinsen und Gesten "Pongal" und andere Feste der Tamilen erklärt. "You don't understand, Sir?" Aber sie freut sich jedes Mal, wenn ich komme, denn dann begrüßt mich ein schönes Sand-

Mandala vor der Tür. Sie kocht auch gut und wenn ich ihr ein Kompliment mache, wackelt der Kopf in indischer Manier und strahlend weiße Zähne lachen mich aus ihrem jungen, dunklen, offenen Gesicht an. Eine echte Perle ist diese Shanti, wirklich schade, dass ich sie nicht mitnehmen kann.

Unlängst war ich wieder in Griechenland, diesmal auf einer für mich neuen Insel: Korfu. Irgendwie könnte ich mir vorstellen, dort in einem kleinen Haus in der Nähe des Strandes meine alten Tage zu verbringen. Dort hat es auch schon der Kaiserin Sissi gefallen. Bloß hat sie nicht lang genug gelebt, um sich an ihrem Ferienhaus, das in Wirklichkeit ein ausgewachsenes Schloss war, zu erfreuen. Jetzt gehört es den Griechen und wird von Touristen überrannt. Schade, da hätte man eine Residenz für österreichische Gast-autoren daraus machen können, so genannte Inselschreiber. Das hätte mir gefallen. Aber auch als Tourist wird man auf dieser ungewöhnlich grünen Insel verwöhnt. Ich befürchte, dass ich einige Kilos zugenommen habe. Da haben auch lange Strandwanderungen und ein gemietetes *Quad Bike* nichts geholfen.

63. Kapitel

PARKINSON|3

Zwei Jahre später.

Der *Honeymoon* (so bezeichnet man die erste Phase der Erkrankung) ist noch nicht vorüber, aber die Krankheit schreitet langsam, beständig und ganz offensichtlich auch unaufhaltsam fort. Neue Forschungen geben nur schwache Hoffnung. Das ständige Reisen wird anstrengender, manche Aufgaben bereiten mir enormen Stress. Ich fühle mich deutlich schwächer, steifer, langsamer. Das Aufrechthalten meiner Fernbeziehung wird unmöglich, ich wünsche mir ständig jemanden an meiner Seite. Allein zu leben macht mir langsam viel zu viel Mühe. Ich fühle mich überlastet und urlaubsreif.

Zu *Stalevo* hat sich seit etwa einem Jahr auch *Sifrol* gesellt, nach Versuchen mit anderen Kombinationen, die mich fast überhaupt nicht mehr schlafen ließen. Ich werde das Gefühl nicht los, dass *Agonisten* bei mir nicht oder nur schwach die erwünschten Wirkungen zeigen, sondern hauptsächlich unerwünschte: geschwollene Knöchel, Schlafstörungen, schlechte Laune.

Dennoch fühle ich mich nur auf halber Kraft und würde wahrscheinlich mehr Tabletten brauchen, was mir jedoch überhaupt nicht in den Kram passt.

Zur Zeit bin ich keine Woche an einem Ort, was auch sehr an meiner Kraft zehrt. Das gegenwärtige kühle Regenwetter ist auch nicht mein Freund. Ich wünschte mir mehr Ruhe, muss aber noch eine gute Weile am Ball bleiben, um ein umfangreiches Projekt abzuschließen. Das erfordert noch etliche Besprechungen in Wien. Und ein Gastspiel in Bratislava habe ich mir auch noch aufgehalst. Vielleicht sollte ich doch wieder in Wien wohnen. Aber Australien hat nach wie vor seinen Reiz und ist schließlich seit über zwanzig Jahren mein Lebensmittelpunkt.

Es gibt zu viele Variablen in meinem Leben. Aber das führt jetzt zu weit. Dies sollte nur ein kurzes Update zum ganz langsamen Abstieg sein.

Nachgedanken.

Klar gibt es keinen Superman. Das ist ein ebenso fiktionaler Charakter wie Robin Hood oder das Christkind. Ich jedoch bin einfach ein Mann – schon etwas geschwächt vom *Kryptonit*, aber noch verhältnismäßig gut drauf.

An einer Krankheit kann man nix Gutes finden. Man macht sich halt eine kleine und größer werdende Lebenslüge zurecht – und damit wurstelt man sich mit einmal mehr, einmal weniger Spaß an der Freud durchs Leben.

Ein Freund aus Wien schrieb: "Gib Gas, solange du kannst und solange es dir Spaß macht, aber Vorsicht, denn wenn der Spaß flöten geht, ist es fast zu spät aufzuhören!" Der Mann gefällt mir. Er macht auch die besten Topfen-palatschinken.

Das ist weder schlecht noch gut, das ist einfach so, denk ich mir.

Eine andere Freundin hat über die Krankheit geschrieben: "Parkinson bedeutet kein Fahrverbot – nur eine Geschwindigkeitsbegrenzung". Das ist auf den ersten Blick zwar ein guter Ansatz, Verbot und Begrenzung auch eine schöne Metapher, aber es hält einer Prüfung nicht lange stand.

Fahrverbote und Geschwindigkeitsbegrenzungen sind vom Menschen (bzw. dem Gesetzgeber) auferlegte Regeln, deren Einhaltung nicht jedem Naturell entspricht und die darüber hinaus auch nicht immer Sinn machen. Ich bin in früheren Jahren oft weit über das Limit gefahren, wenn ich die Situation als sicher eingeschätzt hatte oder mitten in der Nacht kein Verkehr war. Immer hatte ich mich dabei nach eigenem Ermessen verantwortungsvoll verhalten, nicht nach (manchmal willkürlicher) Fremdbestimmung durch eine Obrigkeit.

Und diese Fremdbestimmung nimmt mit dem Verlauf der Krankheit unwiderruflich zu. Da könnte man noch so viel von willkommener Verlangsamung und erwünschter Geschwindigkeitsbegrenzung sprechen (was ich selbst schon getan habe), aber es war eben nicht meine Entscheidung. Ich muss mich so wie jeder andere Betroffene einfach nach der Decke strecken und von der Überholspur auf die Schleichspur wechseln.

Dabei ist es unerheblich, ob man das Glas halb voll oder halb leer sieht. Denn würden wir nicht alle ohnehin von uns aus und ganz automatisch und zum eigenen Schutz positiv denken, wären wir alle längst Selbstmordkandidaten, was wir ganz offensichtlich nicht sind, wie wir den Lesern mit einem lebendigen Parkinson-Forum ständig beweisen.

Da kenne ich gesunde Leute, die weitaus mehr jammern als kranke.

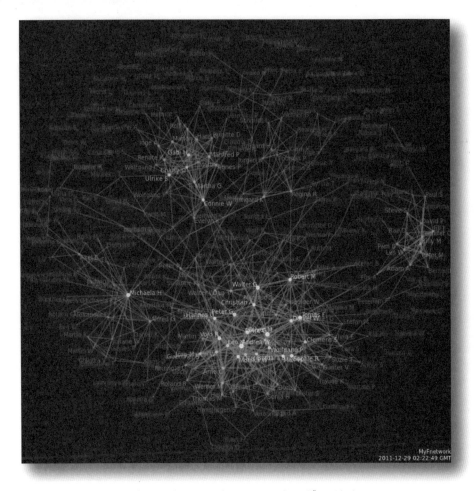

Mein soziales Netzwerk zeigt regionale Knoten in Australien und Österreich, aber
auch Gruppen von Autoren, Auslandsösterreichern und Parkinson-Betroffenen

GANGLBAUER

NEUHOLD

Im Vorstand des Auslandsösterreicher-Weltbundes AÖWB

64. Kapitel

PARKINSON|4

Ein kleines Update zu meiner Geschichte, das sich in weiterer Folge in den Jahren 2011 bis 2015 auf mein Leben auswirken wird.

Ich bin heute in der Generalversammlung des Auslandsösterreicher-Weltbundes AÖWB für die nächste Amtsperiode als einer von sechs Passösterreichern wieder in den Vorstand gewählt worden, worüber ich mich sehr freue. Und dieses Vertrauen hat man mir noch dazu mit großer Stimmenmehrheit vor den anderen Kandidaten ausgesprochen. Dabei habe

Best Mates: alter (ich) und neuer (Axel) Internations Ambassador mit Deputy (Julia)

ich mich *coram publico* vor 400 Teilnehmern in meiner Rede als Parkinson-Betroffener *geoutet*!

Das wirkt sich auf mein Leben insofern aus, als ich somit auch in den nächsten Jahren regelmäßig nach Österreich zu Vorstandssitzungen fliegen werde und so sicher das eine oder andere Treffen von Selbsthilfegruppen wahrnehmen kann.

Für mich wird diese ehrenamtliche Arbeit weiterhin eine große Herausforderung darstellen, die Grenzen der Belastbarkeit mit dieser Krankheit zu erkunden.

65. Kapitel

50 PLUS|14

Nächste Woche zum *Pongal*-Fest geht es wieder in den Süden von Tamil Nadu bis Pondicherry in ein Eco-Resort: *The Dune*. Puduchcheri, wie es heute heißt, ist eigentlich ein eigenes Unionsterritorium, wie die Andamanen. Es ist ohnedies zu laut, um sich diese Tage in Chennai aufzuhalten. Da kracht es tage- und nächtelang, weil das auch das Neujahr der Tamilen ist. *The Dune* ist eine wunderschöne Anlage, von den Franzosen Dimitri und Emilie Klein geplant und geführt, aus unterschiedlich gestalteten Häusern und Hütten

Als Vielflieger habe ich kaum mehr vom Flugzeug aus fotografiert, aber Hamilton erinnerte an Faller-Häuschen

erbaut, die alle Stilrichtungen indischer Architektur präsentieren. Ich war schon drei- oder viermal dort. Man kann auch gut und sehr gesund essen und herrliche ayurvedische Massagen genießen. Die dortige Klinik ist sogar besser als jene, die ich in Kerala selbst gesehen habe. Genusstage stehen bevor.

Heuer werde ich meinen 52. Geburtstag in Neuseeland verbringen, das ich 12 Jahre zuvor mit meiner damaligen französischen Freundin Mireille bereiste, und zwar in der kleinen Stadt Hamilton. Warum gerade Hamilton?

Erstens wollte ich eine dort lebende österreichische Freundin endlich einmal besuchen, zweitens war ich lange nicht mehr in Neuseeland, obwohl dieses wunderbare Land quasi vor der Haustüre liegt, und drittens musste ich meine *Airpoints* (Frequent Flyer Miles von *Air New Zealand*) verbrauchen, bevor sie ablaufen. Ich freue mich jetzt schon sehr auf den Besuch bei Gabi.

Eine Geburtstagstorte wird es wohl auch geben, denke ich. Richtig, sogar in einem Restaurant, das dem aus Sinabelkirchen ausgewanderten Bruder einer anderen Freundin gehört. Wie klein die Welt doch ist.

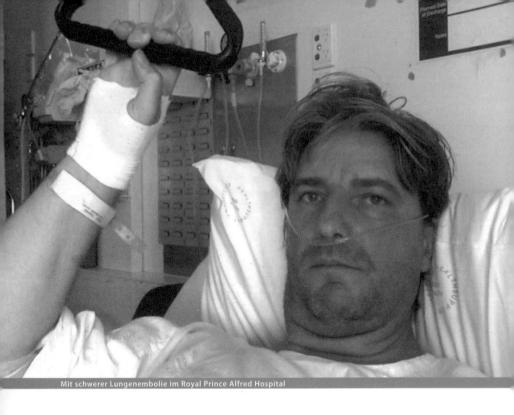

Mit schwerer Lungenembolie im Royal Prince Alfred Hospital

66. Kapitel

PARKINSON|5

Ursprünglich hatte ich die Absicht, meine Geschichte etwa halbjährlich mit kurzen Updates zu aktualisieren. Beim letzten Bericht im September dachte ich mir, dass die genetischen Tests, die zu machen ich im November im *Royal North Shore Hospital* gebucht hatte, und die im April daraus erwarteten Ergebnisse eine gute Gelegenheit bieten würden. Nun, diese Tests waren negativ (meine Erkrankung ist nicht vererbt), aber das ist plötzlich gar nicht mehr so spannend.

Ich hatte keine Ahnung, dass vor zwei Tagen der Knochenmann bei mir anklopfen würde und der Geschichte damit einen anderen Fokus verliehen hat. Vor zwei Tagen nach dem Abendessen hatte ich nämlich völlig aus dem Blauen eine Lungenembolie. Der Gedanke, nichts zu tun und mir damit eine Menge zukünftiger Unannehmlichkeiten zu ersparen, kam mir in dieser Höllennacht zwar in den Sinn, aber der Wunsch zu leben war doch um vieles stärker und so habe ich meinen Freund Axel bei Tagesanbruch angerufen und mich von ihm in die Hände der Notaufnahme des *Royal Prince Alfred Hospital* fahren lassen.

Und das war eine gute Entscheidung. Während ich vor zwei Tagen noch dachte, sterben zu müssen, befinde ich mich bereits wieder auf dem Wege der Besserung. Morphium, CT-Scans, Ultraschalluntersuchungen und "literweise" Bluttests tun Wunder. Noch ein, zwei Wochen im Krankenhaus und danach wird sich zu den üblichen Drogen noch eine mit laufenden INR-Bluttests streng zu kontrollierende Dosis *Warfarin* gesellen. In sechs Monaten sollte alles wieder vorüber sein.

Das sind ja richtig gute Aussichten im Vergleich zu Morbus Parkinson, bei dem es genau umgekehrt und auf Lebenszeit verläuft ... Aber zurück zum Update: Die Forschungsabteilung des *RNSH* will noch weitere Tests mit meiner DNA machen und mein verbleibender *Honeymoon* wird langsam kürzer. Ich spüre es in allen Knochen. Aber den Knochenmann lass ich dennoch noch nicht in meine Nähe.

Und nun ist Dinner Time hier im *RPAH*. Ich werd's mir schmecken lassen.

Es folgen immer mehr Treffen mit immer mehr Parkinson-Betroffenen

67. Kapitel

PARKINSON|6

Revision.

Es ist wieder einmal früher Morgen. Ich habe schlecht und viel zu wenig geschlafen. Das nächtliche Zittern hört auf, lange bevor ich später die ersten Medikamente um 6 Uhr einnehmen werde. Ich bin guter Dinge und lese im Forum. Die Realität eines "Parkinsonisten".

Ich bin erstaunt und erfreut, dass meine Geschichte eine interessante, wenn auch polarisierende Diskussion im Forum der Parkinsonberatung ausgelöst hat. Obwohl wir zwar alle auf unsere Weise das Leben lieben, wird eines hier sehr deutlich – und Evelyns "Halleluja" subsumiert die Lager: Es ist längst keine philosophische Diskussion mehr, Bibelzitate werden eingebracht, es ist ein Religionskrieg daraus geworden, zwischen Realitätsverweigerern, die sich rosarote Brillen tragend in den Glauben flüchten und alles als Geschenk Gottes annehmen – und jenen, die mit der Kirche und ihren Regeln nichts am Hut haben und die Dinge sehen, wie sie sind. Ich betone, dass ich als Atheist jedem seinen Glauben zugestehe, ihn aber weder teilen kann noch missioniert werden will.

Ich denke an jeden einzelnen Beiträger des Forums, wovon ich schon recht viele persönlich kennen gelernt habe. Wären wir auch ohne Krankheit diese oft zitierte "Familie"? Ich denke nicht. Ich würde mit Gerhard und Wolfgang Musik hören und Wein trinken, wäre mit Agnes und Brigitte befreundet, würde mit Andreas bowlen. Andere hätte ich in meinem Leben nie getroffen. Ich war kein Mann Gottes und bin froh darüber, dass ich mich in der Realität zurechtfinde: in einer Realität, die zwar streckenweise beschissen ist, aber die mir durch den Zeitgewinn der Pensionierung die Verlangsamung – zumindest noch – gutmacht. Lauren hat natürlich recht, es ist nichts Gutes an Morbus Parkinson, aber dass wir mit 40, 45, 50 in Pension gehen und mit der daraus resultierenden Zeitgutschrift weiterhin streitbar und "positiv" durchs Leben gehen, wiegt zumindest im *Honeymoon* noch den realen Scheiß auf.

Wahrheit – welche auch immer – tut gut.

68. Kapitel

50 PLUS|15

Die Schweiz war für mich zwar nie ein Reiseland, aber da ich doch einige Schweizer Freunde habe, war ich über meine Lebensjahre verstreut doch auch immer wieder zu Besuch bei den Eidgenossen: das erste Mal als Jugendlicher während der "Züri brennt"-Unruhen, zuletzt vorvoriges Jahr, als unsere Weltbund-Tagung in Salzburg stattfand und ich daher statt nach Wien wieder einmal nach Zürich geflogen bin und einen Besuch bei Monika machte, die ich aus Kreta kannte. Erwähnenswert dabei war, dass mein Gepäck aus Jordanien,

Schweizer Berge: am Niessen

wo ich zwischengelandet war, nicht mit mir ankam und ich deshalb ohne Medikamente dastand. Doch schon nach einigen Klicks im Internet fand ich über die örtliche Parkinson-Selbsthilfegruppe jemanden mit meiner Medikation und bekam eine Übergangsration der für unsereinen doch so wichtigen Pillen. Mein Reisekoffer wurde erst vier Tage später zugestellt. Jetzt reise ich immer mit Reservemedikamenten im Handgepäck.

Übrigens, meinen 50. Geburtstag habe ich im *River Island Nature Retreat* verbracht, mit Kängurus und Nacktwandern entlang des Creeks und Schwimmen im Pool und Relaxen im Spa, den vorigen Geburtstag in Byron Bay, meinem zweiten Zuhause in Australien. Das ist der östlichste Punkt Australiens und ein sehr angenehmes Städtchen. Dort lebe ich schon seit 20 Jahren immer wieder einmal einige Monate oder mache kurz Urlaub, wie auch diesmal. Da ich mein Auto verkauft habe, bin ich mit einem Leihwagen die 800 km hochgefahren, habe meinen Geburtstag im Pub gefeiert und zwei sonnige Wochen am Strand verbracht – und bin mit *Jetstar* zurück geflogen.

69. Kapitel

PARKINSON|7

Eintrag im Parkinson-Forum.

"Ich hoffe, ihr hattet an diesem Weltparkinsontag etwas Besseres zu tun, als ihn so wie ich in einem Krankenhausbett zu verbringen ..."

Mit meinem Lungeninfarkt bin ich über den Berg. Die Blutwerte haben sich normalisiert, ich komme auch ohne Sauerstoff aus und brauche kein Morphium mehr. Die behandelnden Spezialisten haben mich daher in die Obhut meines Hausarztes übergeben, aber mir gleich für drei Monate

Flugverbot erteilt. D.h. ich muss leider alle geplanten Österreich-Termine absagen und mir überlegen, ob ich eventuell Juli/August/September nach Wien und Graz komme.

Aber erst einmal werde ich mich einer stressfreien Genesung widmen. Ich muss mich selber darum kümmern, denn ich bin ja nicht der österreichische Vizekanzler, den man gleich auf Kur schickt.

70. Kapitel

PARKINSON|8

Wieder ist die Zeit so schnell vergangen. Je langsamer ich werde, desto schneller läuft die Uhr, wie es scheint. Die drei Monate Flugverbot sind um und nächste Woche setze ich daher den Weg nach Österreich fort: Ende Juli mit ärztlich verordnetem Zwischenstopp in den Vereinigten Arabischen Emiraten, im August und September werde ich in Wien und Graz sein und meine Freunde wieder treffen.

Ich freu mich darauf.

Zwei Medaillen bei Bowling und Darts – und eine dritte im Team mit Andreas und Connie beim Curling

Was mir allerdings Sorgen macht (obwohl Betroffene es längst wissen, auch wenn sie es nicht wahrhaben wollen) ist das langsame Fortschreiten der Krankheit. Das geschieht etwa im gleichen Tempo wie die Genesung von einer Lungenembolie. Und abgerundet wird das Ganze noch von zusätzlichen Wehwehchen, die eins nach dem anderen dazukommen. Jedes einzelne davon hätte mich als Gesunder genervt, aber im Vergleich zu Parkinson ist das eigentlich gar nix.

Aber so ist das Leben, *g'hupft wie g'hatscht*, wie man in der Steiermark zu sagen pflegt. Besser werden wir nimmer, aber gut sind wir immer noch.

"Und mit Kampfgeschrei fahr'n Andreas und ich in die Tschechei!"

Wie bin ich froh, dass *Lebensqualität* ein so dehnbarer Begriff ist.

Česká parkinsoniáda ist ein internationaler Wettkampf für
Parkinson-Betroffene, der in jenem Jahr in Dubňany, Tschechien, stattfand.

Ich war wie verzaubert von Judith aus Graz-Andritz

71. Kapitel

DIE LIEBE|1

Den ersten Monat im zweiten Halbjahr 2011 war ich noch vollauf damit beschäftigt, mich in Sydney von meiner Lungenembolie zu erholen. Als ich wieder flugtauglich war, folgte ich meiner damaligen Partnerin – mit der ich mit Unterbrechungen drei Jahre zusammen war – nach Perth, Westaustralien, und arbeitete mit der dortigen Patientenorganisation, *Parkinson's WA*, an einem virtuellen Selbsthilfe-Netzwerk. Es sah alles nach einem ruhigen Alltag aus: Strandleben, Ausflüge aufs Land, gut essen und trinken, Kartenspielen und dabei stetig an Gewicht zunehmen. Ich dachte mir, *that's life as good as it gets,* und machte mich im August nichtsahnend über die Emirate auf den langen Weg nach Wien zum jährlichen Auslandsösterreicher-Treffen.

In Österreich, meiner alten Heimat, angekommen, wuchs jedoch überraschend schnell neue Liebe in meiner unmittelbaren Nachbarschaft heran und nach einer telefonischen Trennung von meiner Partnerin folgten die drei wohl schönsten und erfülltesten Monate, seit mich Parkinson begleitet. Die Liebe verleiht bekanntlich Flügel und ich genoss die sehr deutlich spürbaren Verbesserungen meiner Lebensqualität, entdeckte Wandern und Radfahren, heimische Kulturangebote sowie herzlichen Familienanschluss. Ich ließ mein Rückflugticket verfallen und lebte mit meiner "neuen" Frau ein glückliches Leben. Ich hoffte, dass noch 10, 15 oder 20 gemeinsame, gesundheitlich noch relativ gute Jahre vor uns liegen würden.

Vielleicht war es die erfolglose Umstellung der Medikamente (*Stalevo/Sifrol* auf *Stalevo/Requip*), die mich belastete, eine damit verbundene Gemütsveränderung oder was auch immer, diese Beziehung endete abrupt und ich sah mich vor einem Monat plötzlich gezwungen, eine eigene Wohnung einzurichten und allein zu beziehen.

Diese Liebe hat mich diesmal in Österreich festgehalten und – auch wenn sie zerbröckelt scheint und nur durch ein Wunder wieder erwachen könnte – ich bin und bleibe nun einmal bis auf Weiteres hier, trete im Jänner meinen ersten Reha-Aufenthalt in Bad Radkersburg an und erlebe den ersten Winter nach einem mehr als zwei Jahrzehnte dauernden endlosen Sommer in Australien. Ich freue mich wie ein Kind darauf, einen Schneemann zu bauen. Irgendwie macht mich der Verlust der Geliebten zwar sentimental, andererseits wird es aber sicher spannend, mich wieder in meiner alten Heimat als Parkinson-Single zu verwurzeln.

▲ 2010 vor dem Abflug vis-à-vis kennen gelernt   2011 am Tag meiner Rückkehr hat es begonnen ▼

▲ Indische Freunde gibt es auch in Graz: Divali-Fest

Unsere Rad- und Laufstrecke zum Hexenkessel ▼

"Parkinson-Selbsthilfe-Gipfeltreffen" in Wien

72. Kapitel

PARKINSON|9

Wieder sind etwa sechs Monate ins Land gezogen. Es ist so viel passiert. Ich habe inzwischen meinen Hauptwohnsitz nach Österreich verlegt. Es ging mir so schlecht wie nie, und ich war im selben Zeitraum glücklich wie schon lange nicht mehr. Es ist Zeit für ein Update.

Es wird schon gelingen, denke ich. Beim *House Warming* (Wohnungseinweihung) am Wochenende haben mich liebe Nachbarn und alte Freunde sehr herzlich willkommen geheißen. Mein soziales Netzwerk in Graz ist ein gutes. *Parkins(on)line* in der Steiermark funktioniert, auch ohne einen Landesverband. Einziger Wermutstropfen: Der Schutz der Nichtraucher liegt hierzulande zu meinem Leidwesen noch weit hinter dem Rest der zivilisierten Welt, was gerade nach einer Lungenembolie täglich eine Herausforderung darstellt, für die rücksichtslose Raucher wenig Verständnis aufbringen. Allein beim Durchschreiten des dick verqualmten Raucherbereiches im vorderen Teil meines Stammgasthauses muss ich die Luft anhalten, bis ich in den Nichtraucherbereich gelange. Da lobe ich mir wirklich das rauchfreie Australien.

Ansonsten stelle ich mich gerade wieder auf *Stalevo/Sifrol* um und hoffe, meine Schlafstörungen damit wieder in den Griff zu bekommen. Da ich wegen des starken australischen Dollars, mit dem meine Mieteinnahmen in Australien umgerechnet werden, trotz einer lächerlich kleinen Pension um die Ausgleichszulage umgefallen bin, habe ich einen Antrag auf Pflegegeld gestellt und bin schon gespannt, wie er beschieden wird. Ich habe jedenfalls genug auf der Bank, um weitere sechs Monate hier zu leben. Bis dahin hoffe ich, eine endgültige Entscheidung treffen zu können, wo ich mich niederlasse, um eine der beiden Wohnungen zu verkaufen. Zwischen Australien und Europa ständig weiter zu pendeln, verträgt sich nicht mehr mit Parkinson – und schon gar nicht mit einer festen Beziehung.

73. Kapitel

50 PLUS|16

Nacktbaden ist, wie du, lieber Leser, liebe Leserin, inzwischen weißt, schon immer ein Teil meines Lebens gewesen. Reiseentscheidungen habe ich meist nach dem Kriterium getroffen, ob man dort nackt baden könne, Australien wurde unter anderem auch meine Heimat, weil es dort zwar fast keine FKK-Strände wie in Europa gibt, aber viel Platz und Toleranz, die Natur *au naturel* zu genießen. Das hat schon als 16-Jähriger begonnen, als ich in Kroatien zufällig an einen Strand gelangte, wo niemand bekleidet war. Das hat mir sehr

1974 (vor 40 Jahren!) in Kroatien zufällig an einen FKK-Strand geraten, seither überzeugter Naturist

gefallen und daher besitze ich gar keine Badehosen. Auch in Graz (*Schwarzl-see, Straßganger Bad, Steinernes Wehr*) und Wien (*Donauinsel, Wienerberg*) sieht man mich beim Baden nur nackt. Wenn sich Gelegenheit ergibt, fahre ich auch immer noch gerne für ein paar Tage nach Kroatien, wie auch vor gut einem Jahr im Oktober vor meinem Abflug nach Sydney.

Das tut mir einfach gut.

Voriges Jahr zu Ostern war ich in Varkala, Kerala, für mich, der ich in Tamil Nadu lebe, nur einen Kurzstreckenflug entfernt. Kerala hatte ich vor dreißig Jahren auch schon besucht und seither davon geschwärmt. Diesmal bin ich nach Trivandrum geflogen, damals bin ich mit dem Zug dort eingetroffen und mit dem Flugzeug nach Colombo geflogen. Der Kreis ist geschlossen, ich bin wieder in Sri Lanka, wo dieser Exkurs begonnen hat und nun auch endet.

Ich habe daraus gelernt, immer eine Reise zu bleiben.

Das Herz am ersten Spaziergang nach dem Time-out

74. Kapitel

DIE LIEBE|2

Dann kam Weihnachten.

In Herzensangelegenheiten scheint mittlerweile alles (auch ein Wunder) offen. Schauen wir einmal, was das Fest der Liebe bringt ...

Hat sie das *Spiel der Delfine* überzeugt? Ist sie meine letzte große Liebe?

Und es geschehen noch Zeichen und Wunder: Judith und ich sind wieder zusammen und unsere Liebe ist in den sieben Wochen Trennung sogar noch stärker geworden. Alles ist wieder gut.

Die zwei Delfine blicken in eine gemeinsame Zukunft ▲▼

75. Kapitel

PARKINSON|10

Am Sonntag (zufällig Ostersonntag) hatte ich meinen ersten Wieder-geburtstag. Am 8. April des Vorjahres habe ich eine schlimme Lungenembolie überlebt. Da macht man sich so seine Gedanken über das Leben. Vorläufig funktioniert der *Life's good*-Mantra noch. Aber wie lange?

Und ich bin wieder Single. Schuld dran ist der Parkinson. Nicht der körperliche, der mich behindert, sondern der, der mich grantig dreinschauen lässt. Mein Gesicht kann einfach nicht mehr alle Emotionen ausdrücken und

Hin und wieder ist sie fort, dann steht nur ihr Bild am Regal

Judith schaute mich in letzter Zeit oft prüfend an und dachte bei sich, ich sei schlecht gelaunt (obwohl ich es selten bin), nur weil mein Wachsgesicht so dreinschaut. Das "zieht sie runter" und sie "will keine Beziehung" und da ist sie wieder fortgegangen nach einer langen Zeit des glücklichen Zusammenseins. Zumindest war ich diesmal besser aufs Alleinleben vorbereitet als bei der letzten Trennung. Aber ich mag es gar nicht.

Was sich als einzig wirkliche Konstante in meinem Leben mit der Krankheit herauskristallisiert, sind meine Freundschaften zu anderen Parkinson-Betroffenen. Traurig, aber wahr. Eine Zirkus-Menagerie.

Nach sieben Monaten Trennung mache ich ein Kaufangebot für das Haus in Stattegg

76. Kapitel

DIE LIEBE|3

Wer hätte das gedacht: Judith und ich sind wieder zusammen und unsere Liebe ist in den Monaten der Trennung sogar noch stärker geworden.

Alles ist wieder gut …

Hm. Das sind nun fast dieselben Worte wie im Kapitel davor.

Déjà-vù?

Was so viel aushält, muss dann wohl die wahre Liebe sein.

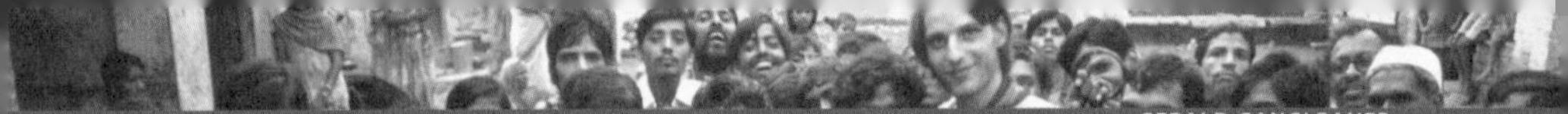

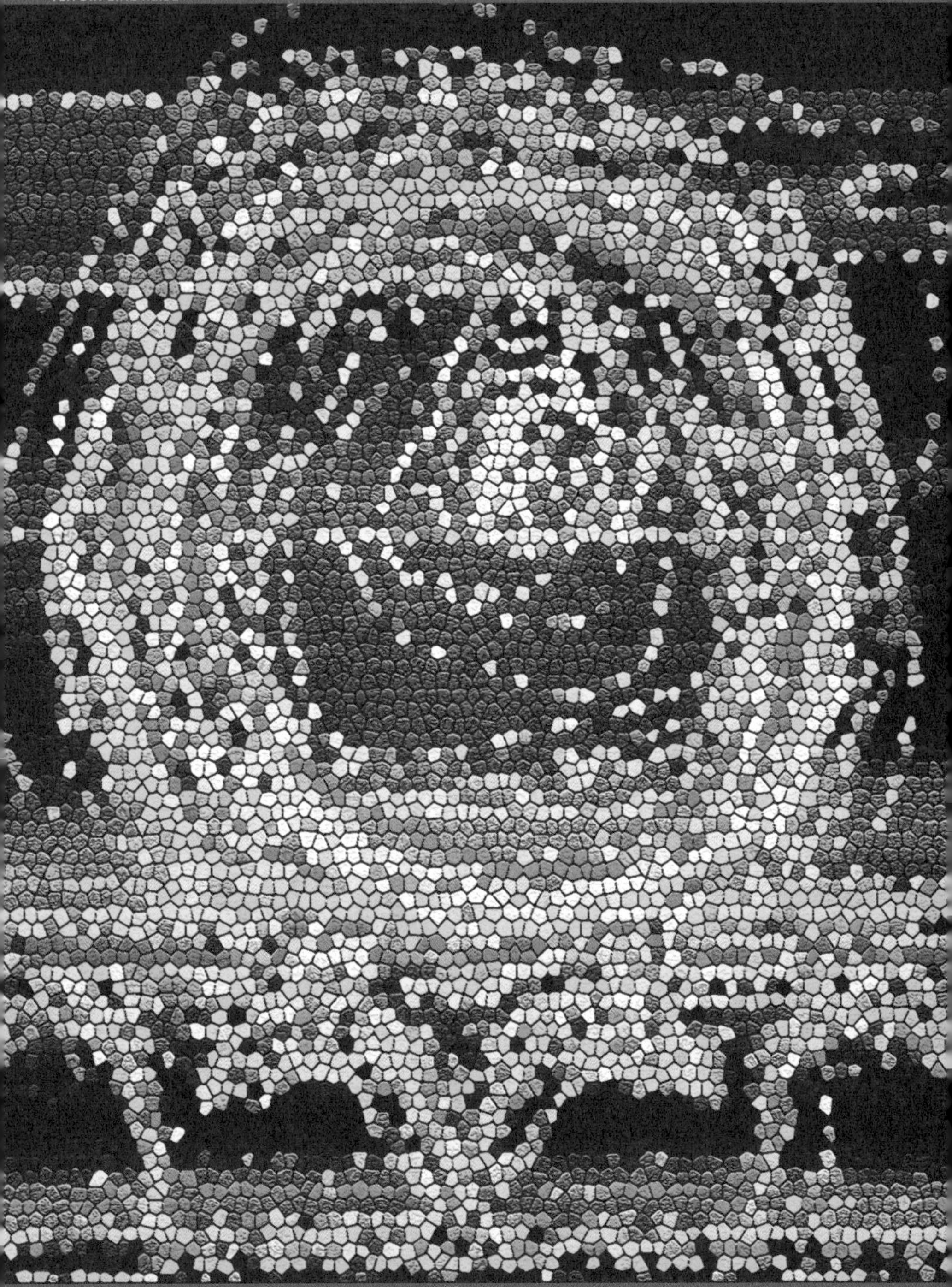

Nachbarn und Freunde sind gern gesehene Gäste beim Grillen im Garten

77. Kapitel

PARKINSON|11

Liebe Leser, ist mein letztes Update wirklich schon wieder so lange her? Vom 10. April 2012? Neun Monate? Das Raum-Zeit-Gefüge krümmt sich mit zunehmendem Parkinson offensichtlich immer stärker.

Nun gut, was gibt es Neues? Ich habe mich in diesem Dreivierteljahr im Forum deutlich rarer gemacht, schiebe die Krankheit quasi weg aus meinem Blickfeld, weg aus meinem Leben, indem ich sie nicht mehr so zentral in mir wirken lasse.

Wie das geht? Das Leben einfach bewusster zu zweit genießen, weniger Stress in der Parkinson-Selbsthilfeszene zulassen, viel Bewegung in der Natur bei langen Spaziergängen machen, öfter mit dem Radl statt mit dem Auto fahren und sehr viel Kulturveranstaltungen besuchen, dazu noch regelmäßig in die Sauna und viel Sex. Ja, auch das darf man zugeben, denn ein erfülltes Liebesleben gehört ganz eindeutig zur Lebensqualität.

Dazu braucht es noch ausreichend kreative Auslastung. Viele von uns haben das Kunsthandwerk für sich entdeckt, malen oder schreiben – bei mir sind es Projekte am Netz, zuletzt der monatelange handcodierte Umbau des literarisch-kulturellen Magazins *Gangway*, das ich 1996 in Sydney gegründet hatte und dessen rund 2400 Seiten nun in neuem Design und zeitgemäßer Navigation zu erforschen sind – jetzt auch mit *Music Reviews* und *Specials*, einem Feuilleton, in dem ich meine journalistischen Ambitionen ausspiele.

Für die aktuelle Ausgabe habe ich literarische und künstlerische Beiträge gesammelt, die sich um das Leben mit einer chronischen, degenerativen Erkrankung oder Behinderung drehen, mit einem Fokus auf Parkinson. Diese *Gangway*-Nummer erschien zum Welt-Parkinson-Kongress in Montreal.

Soweit ein kurzes Lebenszeichen von mir aus Graz. Am 3. Februar fliege ich wieder nach Sydney. Diesmal aber nicht für sehr lange, ich will nur meine Zelte abbrechen, denn nach über einem Vierteljahrhundert auswärtiger Luft fühle ich mich in Graz wieder "daheim", was natürlich Judith und den anderen lieben Menschen in meinem sozialen Umfeld zu verdanken ist.

WWW.NOVA-SPA.AT

78. Kapitel

DIE LIEBE|4

Wieder in Sydney.

Ich schreibe nun am vorläufig letzten Kapitel meines Buches auf der Dachterrasse der *Charlotte*, jenes Wohnhauses nahe dem Zentrum von Sydney, das mir zwölf Jahre lang ein Dach über dem Kopf geboten hat. Heute macht mein Immobilienmakler das erste *Open House* bei mir und ich flüchte vor den Menschen, die sich möglicherweise gerade durch mein kleines Apartment drängen, um mir dafür Kaufangebote zu machen.

Es regnet *Cats and Dogs* und ich bezweifle, dass sich bei so einem Wetter ein Käufer finden lässt. Nun ja, wir werden sehen, vielleicht muss ich nochmals alles richtig schön herrichten und blitzblank saubermachen für den nächsten Samstag? Irgendwie hoffe ich doch, heute schon einen Abschluss zu machen, denn der Verkauf, das Putzen, Dampfreinigen, Ausräumen und das Verkaufen/Verschenken/Wegwerfen sowie das Vorbereiten der Sachen für die Spedition, die ich doch nach Österreich schicken werde (Bücher, Schallplatten, CDs, Fotoalben, eventuell zwei meiner alten Macintosh-Computer, Bilder und ich weiß nicht, was noch alles) stressen mich ganz besonders. Ich fühle mich schwach, einsam und in meiner Entscheidung bestärkt, wieder nach Europa zurückzukehren.

Wäre Judith hier, würde ich wahrscheinlich den Sommer in der Stadt und am Strand genießen. Allein hingegen ist alles sehr anstrengend und ich habe keine Lust mehr, länger als unbedingt notwendig hier zu bleiben. Seit wir zusammen sind – und das begann im August 2011 – ging unsere Beziehung zwar ganz schön auf und ab, oder drunter und drüber, hatte Auszeiten, aber gerade deshalb, weil wir einander nie aus dem Sinn kamen, glaube ich mittlerweile ganz fest daran, dass wir füreinander bestimmt sind.

Also habe ich den langen beschwerlichen Flug hierher noch ein letztes Mal auf mich genommen, um die Zelte abzubrechen, meine Luftwurzeln frei-zulegen, meine kleine Wohnung zu verkaufen, um mit meiner Liebe fortan in Europa zu leben und dort dem Winter und dem Schnee zu trotzen. Wie ich höre, schneit es dort, und schneit, und schneit, aber was soll es, hier regnet und regnet und regnet es eben.

Der Wert meines Apartments hat sich seit dem Kauf im Jahr 2000 fast verdreifacht und mit dem Geld können wir uns in Österreich ein nettes kleines Haus leisten. Morgen habe ich Geburtstag, den 55er, den einige Freunde mit mir feiern werden. Zugleich wird das auch mein Abschiedsfest, denn wenn die Wohnung verkauft ist, mein Haushalt aufgelöst, werde ich wohl nicht mehr herkommen. Dann werde ich, die Reise, am Ziel sein. Ich werde angekommen sein, und zwar erstaunlicherweise genau dort, wo vor 55 Jahren alles begonnen hat.

Ankunft am Flughafen Graz-Thalerhof

79. Kapitel

THE END|1

Das Spiel wiederholt sich ganz genau so wie am vorigen Samstag. Soeben ist Grant (der Makler) im schicken Anzug in meiner Wohnung und sammelt redegewandt weitere Kaufangebote. Ich kann es ihm aber auch nicht übelnehmen, dass er versucht, seine Provision noch etwas anzuheben.

Wieder habe ich für das heutige, von mir aus letzte *Open House,* das Feld geräumt. Ich habe ihm schnell noch signalisiert, dass ich mit dem bisherigen Höchstgebot   durchaus zufrieden wäre, dass ich also abschließen, packen und mit einer schönen Summe am Konto nach Graz zurückfliegen will. Zu Judith. So viel Geld hatte ich noch nie in meinem Leben. Wir werden uns bestimmt ein hübsches Haus dafür kaufen können – wenn wir es nicht für etwas anderes verputzen.

Ist das ein gutes Ende für meine personifizierte Reise? Nach all den Jahren zielgenau wieder am selben Ort anzukommen? Warum bin ich dann nicht gleich zuhause geblieben, wenn sogar die letzte Liebe meines Lebens in ein und derselben Straße zu finden war? Was treibt manche Menschen in die Welt hinaus und hält andere in einer kleinen Stadt? Soll dieses Buch mit Fragen enden? Oder hast du, liebe Leserin, lieber Leser, schon Antworten?

Nein?

Dann bin ich überzeugt, dass es keine Antworten gibt. Und sollte ich welche finden, schreibe ich ein zweites Buch.

The End.

Sydney, 2. März 2013

Fragen (bzw. Antworten) für das nächste Buch

Stefan Weber, Musiker und Parkinson-Betroffener

80. Kapitel

PARKINSON|12

Ich habe Stefan Webers großartigen *Parkinson Blues* entdeckt und gleich völlig begeistert in der *Gangway* #45 zum Thema "Parkinson" veröffentlicht.

Die beste Strategie, mit der Erkrankung umzugehen, ist letztendlich, sie so weit wie möglich zu ignorieren, das Leben zu genießen und sich Liebe, Lust und Leidenschaft hinzugeben.

Das hat er in seiner ungebrochen provokanten Art auch in diesem Blues trefflich formuliert: *Ich scheiß auf den Parkinson (the show must go on).*

Parkinson Blues

I bin immer heiser
Die Stimme, die wird leiser
Des Oziagn dauert plötzlich länger
Des Knopfloch wird auf amoi enger
Ins Schlüsselloch treffen is a Gfrett,
Des Loch im Ärmel find i ned
I torkel daher als war i blunznfett
Oba auf amoi bin i 25
Die oide Kraft schiaßt ma ein
I her meine Fans "Stefan!" schrein
I werd immer stärker
Werd zum Berserker

I wüü a Dauererektion
I scheiß auf den Parkinson

(the show must go on)

Schifoan kann i nimma mehr
Auch tanzen geht nur mehr schwer
I woa der Travolta am Tanzparkett
Jetzt schau i zua oder geh ins Bett
Torkel als war i blunznfett
Oba plötzlich spür i des Adrenalin
I waas dass i der beste bin
I derf ma jetzt kaa Blöße gebn
I spüü ois gangat's um mei Lebn

I kriag a Dauererektion
Ich scheiß auf den Parkinson

I wüü a Dauererektion
I scheiß auf den Parkinson

(the show must go on)

**Stefan Weber
Drahdiwaberl**

Szene aus: Weltrevolution der Film www.weltrevolution-derfilm.at

81. Kapitel

THE END|2

Ein Jahr später.

Judith ist wieder weg. Wir hatten ein sehr gutes Jahr. Sommer, Sonne, Urlaub. Dann habe ich uns das Haus gekauft, bin aber allein eingezogen. Ich liebe sie immer noch, aber sie will keine Beziehung. Ich hingegen denke, dass zu zweit alles besser ist. Aber es ist, was es ist. Ich bin glücklich in meinem Haus und lasse es mir gutgehen.

Das Leben ist schön: *Let's party!*

▲ Alle waren geladen: alte Freunde und neue Nachbarn   Neben mir: mein Notar Christian Reich ▼

Mein 56. Geburtstag, daheim in Stattegg-Ursprung

▲▼ Freunde, Familie und Nachbarn gratulierten und tanzten

After-Party nach der PON-Lesung im Literaturhaus Graz

▲▼ Parkinson-Betroffene und Freunde feierten ihr neues Buch

Anitas und Günters Hochzeit, 14. Juni 2014

Ende Version A

Ein halbes Jahr später war ich wieder Single und bleibe es nun auch, denn Mister Parkinson ist der einzig treue Begleiter für den Rest meines Lebens. Diese "letzte Liebe" war drei Jahre lang nur eine Illusion, denn in Wirklichkeit gibt es sie nicht.

Die Reise endet in Stattegg, der Verlag feiert heuer sein 30-jähriges Jubiläum und das Buch geht morgen in Druck. Ich lasse das Ende offen, denn auch der beste Steuermann kann die Zukunft nicht vorausahnen.

Ende Version B

Judith ist zurück und wir sind aufs Neue verliebt wie Delfine. Mit ihr wird diese Reise doch zu einem *Happy End* gelangen. Stefan Weber und Millionen Betroffene wünschen sich mit mir eine Kur für diese Scheiß-Krankheit, den *Morbus Parkinson*.

Der Verlag feiert sein 30-jähriges Jubiläum, die Reise pausiert zur Zeit in Stattegg und das Buch geht morgen in Druck. Ich hoffe, dass ich noch lange beweglich bleibe, um noch mehr von der Welt zu sehen.

Es geht doch nichts über ein gedrucktes Buch. Auch wenn die Vorarbeit dieselbe ist, denkt man beim elektronischen Werk, dass man dem Fehlerteufel auch später immer eins auswischen kann, da es ein *Living Document* sei, das sich jederzeit korrigieren ließe, was vom Papier nicht gesagt werden kann: *Was liegt, das pickt*, sagt man hierzulande beim Kartenspielen. In der Druckerei ist das noch viel endgültiger, und dann erst in den National- und Staatsbibliotheken ... aber es lohnt die Mühe.

Zurück zum Ursprung, solange das Leben noch vorwiegend Spaß macht. Und dann gleich ins Altersheim und ganz schnell sterben. Filme wie *Love and Other Drugs* (dt. *Nebenwirkungen inklusive*) oder *The Notebook* (dt. *Wie ein einziger Tag)* sind doch nur Hollywood-Illusionen.

Ursprung, 7. September 2014

Sehen wir am Ende das Glas halb leer, halb voll, oder ganz anders?
War Robin Williams' Freitod der einzige Weg, Parkinson zu besiegen?

Liebe Leserin, lieber Leser, schreib hier deine Version vom Ende

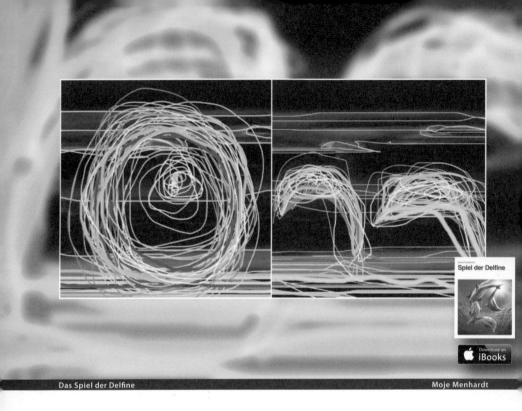

Postskriptum

DELFINE

Judith sah in uns zwei Delfine, als wir uns im *Straßganger Freibad* nackt und ungezwungen im Wasser tummelten. Das war im Sommer 2011, in den ersten Tagen der jungen Liebe. Diese Tiere sind uns ans Herz gewachsen.

Die erste kurze Trennung von ihr hat mich zu einem kleinen Stück inspiriert, *Das Spiel der Delfine,* das wiederum die Wiener Künstlerin Moje Menhardt zu obigen Bildern angeregt hat. Daraus habe ich in weiterer Folge das Mosaik mit den vielen bunten Steinchen auf Seite 169 gemacht.

Ein Kalendertag meines Lebens fehlt übrigens in meiner Reise:
der ging mir beim Überfliegen der Datumsgrenze "verloren"

CREDITS|1

TEXTNACHWEIS

Alle Texte (mit Ausnahme des *Parkinson Blues*) wurden von mir
im Lauf der letzten 40 Jahre geschrieben und sind zum Teil veröffentlicht.

ICH BIN EIN GRAZER, Australien 2003
Erstveröffentlicht online in *GANGWAY #28*

JUGEND (*Frei und die Liebe*), Italien 1979

MITTE 30 (*Stopover*), Thailand 1991
Erstveröffentlicht in *DIE RAMPE* 2/92

REISENOTIZEN, Korea 1997

50 PLUS, Indien 2009
(*Ich bin noch immer eine Reise*)
Veröffentlichungszusage in *STERZ*

HALBE ÖSTERREICHER, Australien 1998
Erstveröffentlicht in *ROTWEISSROT*

PARKINSON, Australien/Österreich 2007
Erstveröffentlicht in *PARKINSON. Ursachen, Diagnose, Verlauf und
Therapieoptionen. Eine Anleitung zur Selbsthilfe.* Wien 2009,
weiters Beiträge aus dem österreichischen *Parkinson-Forum*
www.parkinsonberatung.at/forum/

DIE LIEBE, Österreich 2011

THE END, Australien 2013

PARKINSON BLUES © Stefan Weber 2012
Veröffentlicht online in *GANGWAY #45*
aus: *Weltrevolution der Film*, Drahdiwaberl Doku

NOT THE END, Österreich 2014

LUFTWURZELN, Australien 2012
Erstveröffentlicht in Yearning|Sehnsucht

WWW.GANGWAY.NET

CREDITS|2

FOTONACHWEIS

Alle Fotos stammen aus meinem privaten Archiv:
10.000 Diapositive, Schwarzweiß- und Farbfotos, 20.000 Digitalbilder aus 40 Jahren.

Für die Dias hat mir Willi Eisenberger seinen *Minolta DiMAGE Scan Dual III*
zur Verfügung gestellt. Die Papierbilder habe ich auf meinem *Canon PIXMA*
digitalisiert und die Bilddateien auf *iMac* und *MacBook Pro* bearbeitet.
Dank an (soweit ich mich erinnere):
Katharina Karmel (11), Doris Glaser (22, 23),
Gertraud Jeitler (32, 36, 49), Ali Kleingeerts (42),
Mireille Schmitt (50), Bibiana Baños (53, 133),
Petra Ganglbauer (56, 82, 114), Gabi Zöhrer (57),
Robert Steiner (63), Evelyn Wurz (47, 64, 65),
Gillean Dodge (51, 60), Angela Mohr (74),
Ursula Hentschläger (76), Heather Noakes (80),
Nora Devai (92, 93), Agnes Pintar (100),
Karin Draxl (104, 112, 116, 118, 127, 136),
Brigitte Döringer (108), Roland Pirker (126, 142),
Manfred Pintar (148), Angélique Boudet (105, 122),
Marion Anderle (154, 160), Maureen Toller (158),
Judith Steiner (162, 165), Uli Sajko (166, 181),
Ingrid Lackner (180), Stefan Hagg (168)
und Stephan Friesinger (182).
"Where I've been" Weltkarte © whereivebeen.com (5),
"Mein Soziales Netzwerk" © MyFnetwork (141),
"A Briefing From Your Captain" © Continental Airlines (185).
Die anderen Fotos wurden entweder von mir (mit Stativ) oder von einer gerade
anwesenden Person gemacht. Diapositive (1975–1989) habe ich mit *Canon AE* und *A1*
fotografiert, Papier mit *Olympus Trip*, die Digitalbilder (2001–2014) mit *Canon IXUS* Kameras.
Einige Bilder waren in der Reisebeilage der *Kleinen Zeitung* und in diversen
Reisemagazinen abgedruckt bzw. sie wurden bei meinen Diavorträgen verwendet.

DER KÜNSTLER

Durch Oskar Stockers Porträt bleibt der Autor eine Reise.
Sein überlebensgroßes Bild wandert mit der Ausstellung Yearning|Sehnsucht
im Oktober 2014 von Graz nach Washington DC und weiter.
Danke, Renate Metlar.

▲ Stephaniensaal   ▼ Flughafen Graz

Im Gespräch mit Bürgermeister Siegfried Nagl
bei der Ausstellungseröffnung Yearning|Sehnsucht
am Flughafen Graz-Thalerhof.

Oskar Stocker, geboren 1956,
lebt und arbeitet in Graz.
Painting is keeping me alive. – Oskar Stocker

WWW.OSKARSTOCKER.COM

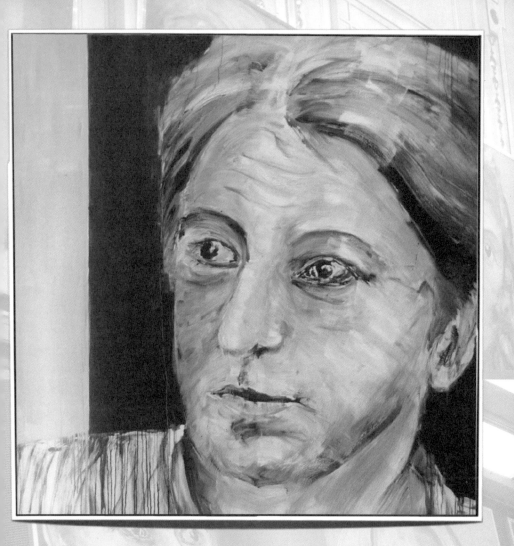

Unsere Wurzeln sehen heute anders aus als die traditionellen Wurzeln von früher. Was uns Halt gibt, kommt nicht mehr aus einem festen Stück Erde. Es sind eher Luftwurzeln, die sich in alle Himmelsrichtungen ausstrecken können. Wenn man an einen anderen Ort zieht, ist es nicht, als reiße man hier die eigenen Wurzeln aus und pflanze sie dort wieder ein. Ein Mensch mit Luftwurzeln ist an keinen bestimmten Ort gebunden. – Gerald Ganglbauer

WWW.GANGWAY.NET

GERALD GANGLBAUER

DER AUTOR

Gerald Ganglbauer, geboren am 24. Februar 1958 in Graz.

Österreichischer Verleger, Studien an der Uni Graz (Akademischer Medienfachmann) und am Sydney Institute of Technology (IT), besitzt sowohl die österreichische als auch die australische Staatsbürgerschaft und erhielt im Alter von 48 Jahren die Parkinson-Diagnose. Seitdem ist er Botschafter für Parkinson-Selbsthilfegruppen.

Find me on Facebook and YouTube.

WWW.GANGLBAUER.INFO

Der Autor verzichtet auf sein Autorenhonorar zugunsten von Parkins(on)line – PON – die freundliche Parkinson-Selbsthilfe.

WWW.PARKINSONLINE.INFO

DER VERLAG

Mit Verlagsorten Sydney und Graz spezialisierte sich Gangan auf zeitgenössische österreichische Literatur und später auf deutsche Übersetzungen australischer Literatur. Der unabhängige Literaturverlag wurde 1984 in Graz von Verlagsleiter Gerald Ganglbauer gegründet und veröffentlichte bis 1994 immerhin 24 Titel. Verlagslektoren in Wien waren Petra Ganglbauer und Peter Pessl, in Sydney war es Rudi Krausmann. Seit 1996 erschienen neue Manuskripte online. Nach der 2007 durch Parkinson bedingten Pensionierung und der Heimkehr des Verlegers 2013 nach Graz folgten zunächst kostenlose elektronische Bücher. Zum Jubiläum 30 Jahre Gangan Verlag 1984–2014 erscheint "Ich bin eine Reise" von Gerald Ganglbauer gedruckt und gebunden.

Die Großverlage produzieren Maschinensemmeln, wir Kleinverleger machen das Feingebäck.

WWW.GANGAN.AT

GANGAN

GRAZ WIEN STATTEGG

30
YEARS

GANGAN

GANGAN

SYDNEY CHENNAI PERTH